外国人登録法に定められた指紋押捺制度と外国人登録証常時携帯義務の廃止を求めて、民団傘下の団体、青年会に所属する五人の若者が集団で指紋押捺を拒否してから四〇年が経過しました。

幅広い市民運動によって、一九九三年に永住者と特別永住者の指紋押捺は廃止（非永住者は二〇〇〇年）されましたが、アメリカの同時多発テロを契機に、二〇〇七年に指紋押捺制度は復活し、特別永住者を除いて強制されています。そして昨年六月、税金滞納などで永住資格を剥奪できるとする「入管法」改正案が成立しました。

当事者個々の自主的な押捺拒否と広範な支援運動にはどのような意義があり、それがもたらしたものは何か。昨年一一月二三日、民団中央本部会議室で、私たちはこの制度と日本の排外主義をあらためて問い直す集会を開催しました。この冊子はその報告集です。

二〇二五年一月

日韓記者・市民セミナー　ブックレット　19号
指紋押捺拒否から40年　今、在日社会に求められるものは何か
〔集会報告集　2024年11月23日開催〕

＊目次＊

司会進行（裵哲恩）

今から四〇年前の一九八四年、当時在日本大韓民国青年会（青年会）に所属していた五人の青年が、翌八五年が外国人登録法（外登法）の大量切替え期にあたるということを視野に入れ、外登法に定められていた指紋押捺制度と登録証の常時携帯制度廃止を広く在日同胞に訴えるために指紋押捺拒否に踏み切りました。

その前年の八三年、在日本大韓民国民団（民団）は指紋と常時携帯制度撤廃を求める百万人署名運動を展開しました。当時、民団と在日本朝鮮人総連合会（総連）合わせて在日六五万人と言われていました。

私たちは青年会に属していて、この問題を一人でも多くの日本人にわかってもらいたい、広く日本社会にアピールするということで、北は札幌から南は沖縄まで自転車で南下しながら、毎日、駅前で街頭署名を集めました。

署名運動は結果一八一万七〇〇〇人の署名という大成功を収めました。しかし、当時の自民党政府はその受け取りを拒否したわけです。順法闘争で駄目なら、残された手段は指紋押捺を拒否するしかない。「違法」闘争に自ら取り組み、その第一号集団拒否が八四年一一月二七日のことでした。

その当時の五人の青年は、すでに亡くなったり、運動の現場から離れた方もいます。四〇年を振り返ると、確かに指紋押捺制度は廃止され、外登法もなくなりました。だけど、その後に入管法の改悪があり、「朝鮮人出て行け」というヘイトスピーチ、ヘイトクライムに繋がるという状況が生まれました。今、在日社会に何が求められているのか、それぞれの現場で闘ってこられた皆さんの報告や提言をしっかり受け止めて、明日の闘いに繋げたいと思います。

まず最初に、戦後五〇年の在日の歴史を取り上げた秋田出身の故・呉徳洙（オ・ドクス）監督が制作した映画『在日』の中から外国人登録法の変遷、指紋押捺制度、外国人登録証常時携帯の問題について、当時の青年会や指紋押捺拒否予定者会議などいろんな団体が取り組んだシーンを見てもらいます。その後、かつての新聞記事や写真をスライドで紹介します。

そして第一部として、映像の中に出てきた指紋押捺拒否者の方やOBの方にこの場で証言していただきます。

第二部は、この指紋押捺拒否の運動、外登法改正運動を同志社大学で研究している在日の大学院生の報告をいただきます。

最後の第三部は、現場で運動してこられた諸先輩、あるいは研究者の方からお話や提言をいただきます。このような流れで進めますのでよろしくお願いします。

*映画『在日』から「1980年代外国人登録法」

（映画の音声のみ掲載します）

一九八一年、日本は「国連難民条約」を批准した。条約は難民の「内外人平等」を原則としていた。その為、歴史性を持つ「在日」に対し、法整備の必要に迫られ、一九八二年入管法と難民認定法に『特例永住』を導入した。

この『特例永住』を日韓条約時の協定永住に反対した人々も受け入れた。この事は「在日」がもはや【帰国】から【定住・永住】を選ぼうとする意志の表れであった。

そういう情況下『指紋押捺拒否運動』が展開された。

*ナレーション

一九五二年、日本独立と同時に在日に強いた外国人登録法の指紋押捺制度。制度施行から三〇年、様々な抵抗運動があった。大きなうねりにはならなかった。それが一九八〇年代に入り、在日の法制度に対する怒りが一気に噴出した。

特にこの運動は高校生などを含め二世三世たちによって担われたという特徴を持っていた。それは在日の世代交代が確実に進んでいることをも示していた。

全国各地で次々に指紋拒否の声が上がり、拒否者および留保者が一万人を超えるという画期的な運動となったのである。

この大運動に発展した指紋拒否闘争。それは一人の男の小さな拒否から始まった。男

＊映画『在日』から「1980年代外国人登録法」

の名は韓宗碩（ハン・ジョンソク）。韓宗碩は一九八〇年九月外国人登録法に定められた指紋押捺は屈辱の烙印であると拒否したのである。

韓宗碩（ハン・ジョンソク）

指紋と言えばすぐ犯罪ですからね。

このあくどい制度に対してですね、本当に怒りをぶつけたことがなかったと僕は思うんですよ、それまで。それが自分の子供がここで生まれてですね、ここで育っているのに、これが一四ないしは一六になったらですね、指紋をベタベタ押さされる。

これにはもう本当にもう苦痛というか、耐えられなかったんです。それに対して一つの抵抗をすると。日本の国家権力と堂々と戦うんだと。そういうふうな、いわば何か突撃前の兵士の気持ちと申しましょうかね、そういう気持ちでした。

＊ナレーション

韓宗碩は悲壮な覚悟で一人区役所におもむいた。後に人々はそれを「たった一人の反乱」と呼んだ。

韓宗碩

私担当の職員にね、この制度はあまりにも我々に対する許し難い制度だと、だから僕は僕の信念に基づいて抵抗するんだと。かなりの時間をおいてですね、「分かりました」ということで更新の受理をしてですね、それで指紋など取られないで、登録の事項欄にですね、「指紋不押捺」という書き込みをしたその登録証明書が、更新された登録証明書をもらったんですよ。

＊ナレーション

指紋拒否から一年後、韓宗碩は牛込警察署の取り調べを受け、東京地検に送検され、起訴された。罪名は外国人登録法違反。それ以後、長い裁判闘争が続いた。

朴慶植（パク・キョンシク）

強制送還されるかもしれないという覚悟の上で、それは普通じゃなかなかやれないことをたった一人でやって運動を展開してた。

韓宗碩

ある雑誌の表現によれば、カラスの鳴かない日はあっても指紋の行動のない日はないと嘆くぐらいの盛り上がりがあったということと思うんですけどね。たった一人の反乱が、これが僕は価値があったんじゃないかと思うんです。それが団体がやったんだったらさほど何でもなかったと思うんです。

在日同胞のいわゆる権益権利の運動で、唯一勝ったと言えるのは指紋押捺拒否のこの運動だと言えるぐらいにですね、広範に日本国民のですね、共感と支持を得たんですよ。

朴容福（パク・ヨンボク）

私達はこの問題は日本国家と我々の問題だ。だから我々は日本国家に対しやはり要求する。

そういうふうにやってきたはずなんだけども、いつの間にか、私が代弁するんだというふうに、韓国が乗り出してくる。韓国政府と日本政府が、さてこの問題どうする？そうやって要するに取引しちゃうってことになるわけですよ。

（ニュース映像）

中曽根首相と全斗煥大統領との首脳会談が行われ、両国間の懸案であった在日外国人の指紋押捺問題について中曽根首相は押捺を一回限りとすることを表明し、過去数ヶ月間きしみ続けた日韓関係は一応修復されました。今回の中曽根首相の韓国訪問は日韓関係の正常化に大きな役割を果たしたようだ。

朴容福

冗談じゃないよ、ほんとですね。やっぱり悔しかったですよ。なんでだ。これは俺自身の問題だ。いつの間にかそうやって、要するに韓国がそういういろんなものをごちゃごちゃと要するに並べたてて、そういう問題として、在日韓国人の人権は大変だっつって、いろいろこうね並べ立ててこういうふうに日本に突きつける。

日本は、いやそれは大変だけども、ここら辺で作業しましょうかと。国家間の取引になってしまうわけですよ。

＊ナレーション

あれから一〇年永住資格者に限って、指紋制度は廃止されたが、完全撤廃に向け、現在もその不当性を問い続けている。

朴容福

やめる機会は何回かありましたよ。ありますけども、やっぱりやめきれなかったたっていうのはね、そこでやめてしまったらば、結局やはり自分たち在日ってのはやっぱりそういう国同士の、要するに取引って言いますかね。作り上げた勝手な枠組みの中でしか生きられない。それに屈してしまうなという、そういう思いがやはり強くあったんですよ。

＊ナレーション

パク・ヨンボクは当時を振り返ってこう述懐する。

朴容福

毎日わくわくして、時代のうねり、何かがやはり変化するそういう局面、そういうものにやはり自分たちも参加してるんだというような、そういう気持ちをやはり誰もが要するに持てた。つまりそういう時代が在日の八〇年代だったんです。

在日が体験している疎外っていうのは、自分がやはり参加していける社会というものが、これがやはり一つもない、日本であり朝鮮であれば、常にやはり作られた、やはり枠組みの中でしかやっぱり生きていけない。そのことだったと思うんですね。

その当時、要するに指紋拒否すれば確かにね、大変な弾圧がいっぱいあったわけですよ。警察がやはり脅迫をする、いろんな形で脅迫状がきたり、再入国不許可だったり、在留条件を要するに不許可したりとか、いろいろ弾圧あった。

それを押してやはり拒否をしていったっていうのは、やっぱりね、一番強かったのはやはり参加の意識かなという感じします。

あちらでもこちらでも、それもその革新的な運動家っていうもんではなくて、民族運動家でも何でもなくて、普通の人たちが「私も」「私も」って手を挙げてる。そのことにやっ

＊映画『在日』から「1980年代外国人登録法」

ぱ非常に強い共感を持って、その時代のうねりみたいなものに自分もやはり参加したいっていう、参加の意欲といいますかね、そういうふうなものをやはり初めて感じ取ることができた。

それも、何かこう反戦反核でもないし、どこかの要するに戦争反対ということじゃなく。これですよこれ、自分の持っている一本の指。このことで様々な、例えば日本社会、地域社会、いろんなものとやはり繋がりが広がっていくわけですよね。

そこを言葉があれですが、感動といいますかね。これがやっぱり非常に大きかっただろうなという感じはしますよ。

映画『在日』 歴史編／人物編
監督：呉徳洙
記録映画◆戦後在日五〇年史
DVD（2枚組） ¥8,360

＊スライド　外登法改正運動

韓国新聞（現民団新聞）提供

一九八三年九月に始まる百万人署名運動から、八五年七月開始の指紋押捺「留保」運動まで約二年間のスライド。指紋押捺制度と外国人登録証明書常時携帯の廃止を求めて幅広い署名運動を展開し、目標を大幅に上回る一八一万人の署名を実現した。押捺拒否者・李相鎬さんの不当逮捕と抗議行動、続く大量切替時の拒否・留保の闘いまでをまとめている。

（スライド一枚目と九枚目の絵解き、「1982年」は「1983年」の誤りです）

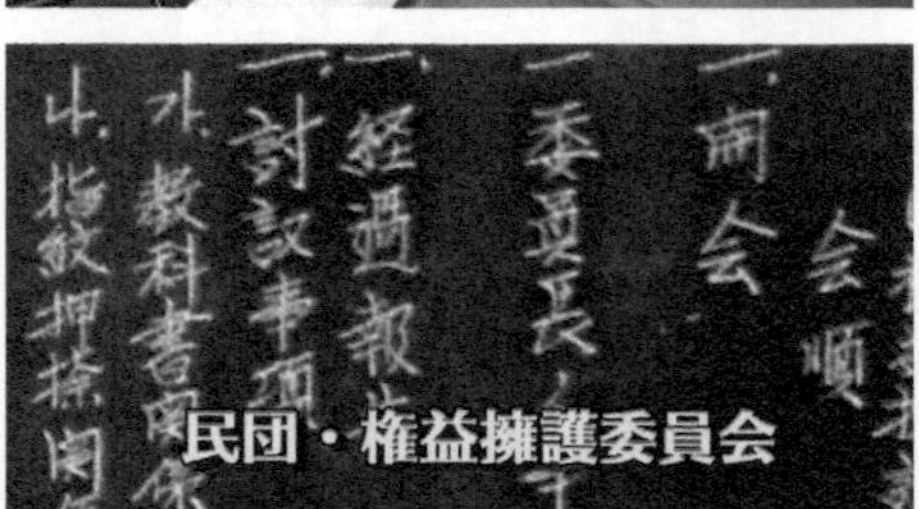

＊スライド　外登法改正運動

11月28日、100万人を突破

さっそく有楽町周辺で署名活動

12月8日、自転車隊が
沖縄まで完走

12月11日
全国の青年が結集

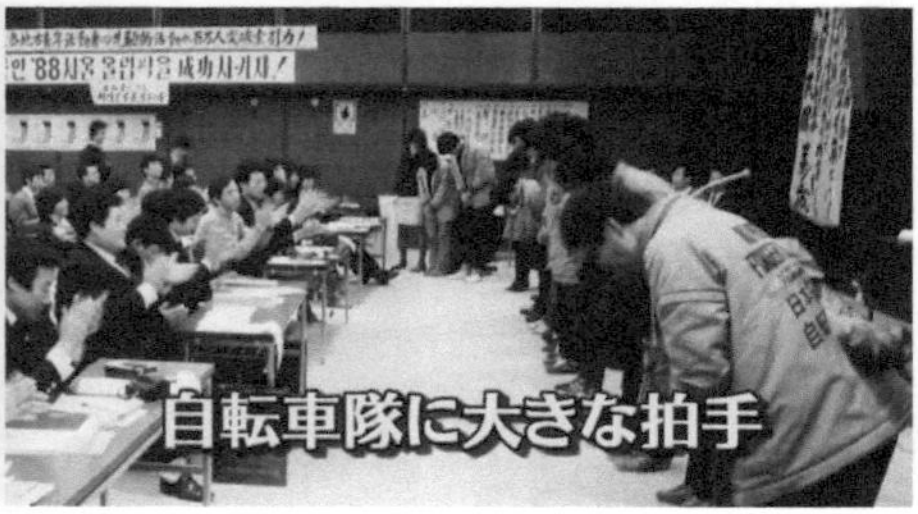
自転車隊に大きな拍手

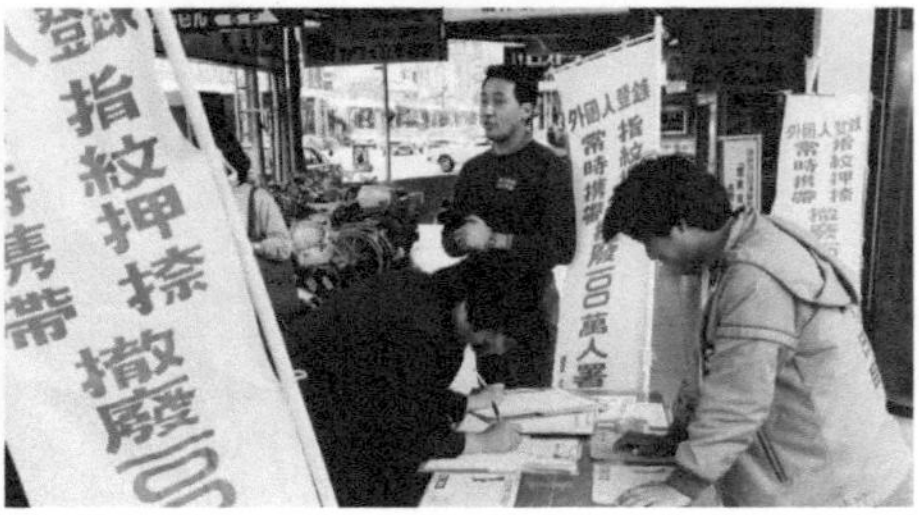

＊スライド　外登法改正運動

10・5外登法改正闘争
韓国青年・婦人決起集会

断食闘争中の林三鎬氏を激励

全国の青年・婦人が集結

1985年2月8日
「二・八独立宣言」の日

わが子たちのためにも…と

外登法改正運動は
さらに力強く展開

法務省に向けデモ行進

＊スライド　外登法改正運動

外国人登録 指紋押捺 常時携帯制度撤廃要求
在日韓国人中央大会
5000人の同胞が集結

在日韓国青年会が
東海道人権行脚

東海道人権行脚隊が到着

2月8日から3月1日まで

外登法改正の叫びが
日比谷にこだました

外国人登録法改正!!
神戸から東京まで行脚
'85 2·8～3·1
在日本大韓民国　青年会

国会前で請願活動

1985年3月1日
日比谷野外音楽堂

1986年5月23日
日比谷野外音楽堂

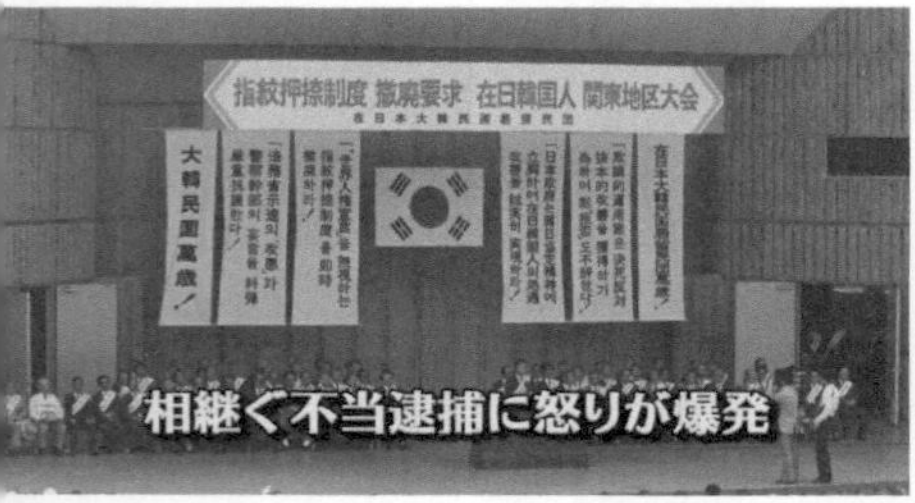
指紋押捺制度 撤廃要求 在日韓国人 関東地区大会
大韓民国萬歳!
相継ぐ不当逮捕に怒りが爆発

押捺拒否で逮捕された
李相鎬氏も登壇

指紋押捺制度 撤廃要求 在日韓国人 関東地区大会
関東各地から集結した
婦人会のオモニたち

川崎臨港警察署
指紋押捺を拒否した
李相鎬氏を逮捕
1985年5月8日
川崎臨港警察署

神奈川の民団員らが
不当逮捕に抗議

民団、青年会、婦人会代表が
警察庁、法務省、警視庁に抗議

＊スライド　外登法改正運動

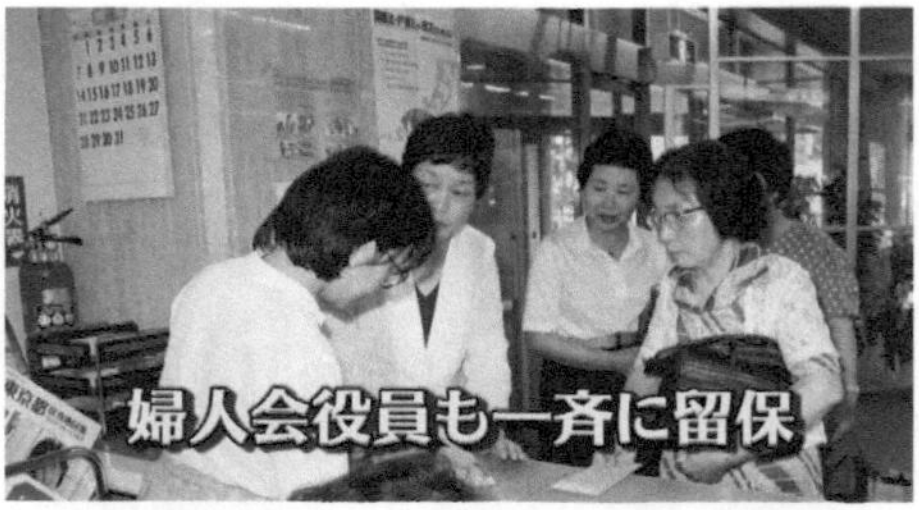
婦人会役員も一斉に留保

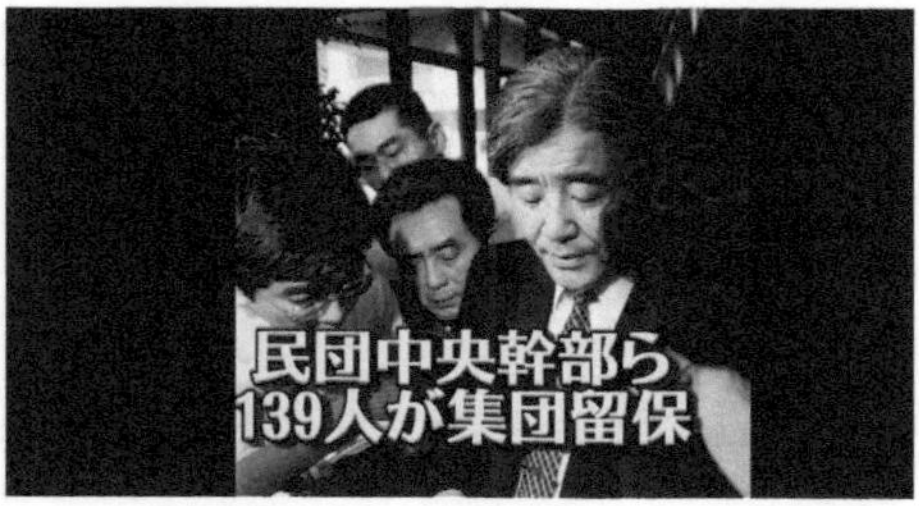
民団中央幹部ら
139人が集団留保

민족으로서
1985. 7.1~8.15
同じ日に青年会が
全国断食闘争スタート

外登法改正を叫んだ

【第1部】 元指紋押捺拒否者の発言

■司会

映画『在日』から外登法、指紋押捺拒否、常時携帯の約一〇分間の映像とスライドをご覧いただきました。第一部では、当時、運動に参加した皆さんにご発言いただきます。

最初に、百万人署名運動を実現するために日本縦断自転車隊を組織し実行した林三鎬（イム・サモ）さん、

映画『在日』の中で指紋拒否の問題に直面して涙を流していた、当時女子高生だった辛仁夏（シン・イナ）さん、

当時婦人会中央の副会長だった河榮希（ハ・ヨンヒ）さん。御歳九一歳です。四〇年前の活動をまるで昨日のことのように話されますが、

民団陣営の方ばかりの話ですので、当時、指紋押捺拒否予定者会議にいらして、呉徳洙（オ・ドクス）監督の映画の中で「拒否」という黒字に白抜きの「指紋押捺拒否」の横幕を持っていたグループの代表の一人、高二三（コ・イーサム）さん。

スライドの中で行脚隊というものがありましたが、これは指紋押捺の不当を訴えて神戸から東京まで歩いた運動です。当時大学生で学内新聞に本名宣言をしたことが書かれ、なおかつ運動に関わった在日三世の金泰子（キム・テジャ）さんにお願いします。

（各発言の前後における司会の紹介をまとめて掲載した）

日本縦断自転車隊
――地元の民団のやる気を引き出し、署名活動の成果が上がった

林　三鎬（イム・サモ）元民団中央副団長

どこから話したらいいのか考えていましたが、自転車隊のフィルムが出ていたので、それを提起したいきさつをちょっとお話ししたいと思います。

私は一九七九年四月一日に民団中央に移り、次長に就任しました。一九八三年の八月一日に民団中央が百万人署名運動を提起したんです。でも私はその当時、百万人の署名はとても無理だという実感があったんです。

というのは、その前の国民年金の署名運動は一〇万四〇〇〇人分を厚生省に提出しましたが、そのときの目標は二〇万人だったんです。ＮＨＫのハングル講座の署名運動とか、それまでも民団中央で署名活動は何回もやってきましたが、一度も目標を達成したことがなかったんです。

そこで私は、これは何か象徴的な行動が必要だと考えました。百万人署名も、何十万で終わっちゃうんじゃないかと危惧を持って考えて、思いついたのが自転車隊なんです。それも日本縦断という大がかりなスケジュールで進めてみようと、青年たちに呼びかけたんです。

その当時、民団中央には青年会に関わった者が、私も含めて三人ほどいました。朴新太郎ともう一人の朴に声をかけて、「どうだやろうか」と話をしたら、やってみたいということで、青年会を通じて募集をかけました。

そうしたら一五名の予定の人数がきっちり集まって出発ということになったんですが、民団中央に掛け合ってもなかなか埒が開かないんです。「そんなことやってもしょうがないよ」というような反応でした。その当時、丁海龍という事務総長、副団長兼任でしたか、その方が青年同盟あがりの人で、青年運動に大変理解がありました。積極的に賛成して、執行委員会でそれを通過させたんです。

予算措置もしなければいけないということで、自転車隊のための費用を捻出してくれたんです。その当時、自転車隊といっても大変旧式で、ママチャリに毛が生えたような自転車でした。それを一五台調達して、津軽海峡を渡って、自転車を担ぎながら、札幌の円山公園かな、でっかい公園で組み立てました。私は自転車の組み立て方も知らなかったんですが、二人ほど自転車に詳しいのがいて、組み立ててもらって出発しました。

北海道から青森、青森から盛岡に向かう途中、秋田方面と岩手方面、つまり日本海側と太平洋側二つにわかれて行動し、仙台で合流しました。そのときには本当に久しぶりの再会を祝ってですね、もう大はしゃぎしたものです。

そして東京を経て、東海道線と日本海側と二つにわかれて回りました。合流地点は仙台、東京、それから大阪かな、三カ所か四カ所で合流して行動しました。

最終的に鹿児島まで行って、そこで沖縄に行こうかどうかと考えました。民団中央は財政のこともあって「もうやめろ」と言うんですけど、日本縦断という目標を掲げたので、ここはもう支援を無視して行こうということで、私が決断を下しまして沖縄まで行きました。

沖縄といっても船で行くだけです。ただ沖縄まで行ったという達成感で、皆さん大変喜びました。沖縄の居酒屋、民芸居酒屋って言うんですか、そこへ民宿のおばさんに連れられて行って、皆さん大騒ぎをして解散したということです。

百万人署名を達成するのとしないのとでは大きな違いがあると思いました。百万人が署名すれば、社会的なインパクトがあります。なんとしても百万人署名を達成しようと頑張りました。

それこそ必死に拝み倒してですね、土下座をしてでも署名をお願いしたもんです。でも地方によって対応が全然違うんです。ささっと書いてくれるところと、冷たいところもあるんです。私が思い出すのは静岡と山口です。この二カ所は本当に冷たかったです。そういう地方色もありながらも、自転車隊は四万人の達成に終わりましたが、私たちが通った後、地元の民団自体がやる気を起こして、署名活動の成果がどんどん上がったんです。そして地元のマスコミ関係が記事を見せてくれたんです。

そのことが大きかったですね。

当時の自転車隊の行程を、私は詳しく記録してあったんですけど、私の引っ越しが災いして残念ですがなくなりました。それが残っていれば、私自身の大きな財産になっただろうと思うんですけど…。

そういうことで、百万人署名運動というのは、民団自体の運動を方向づける根拠になったと思います。

他にもいろいろありますけども、話が長くなりますのでこの辺で終わりたいと思います。ありがとうございました。

中学三年生、一四歳で指紋押捺に直面
――ちょっと消化しきれていないことも…

辛　仁夏（シン・イナ）元指紋押捺拒否者

指紋押捺の当時、私はまだ中学生で、この映画のときは高校生でした。マスクを取るとビフォー・アフターになってしまうんですけどちょっと失礼します。

突然のご指名だったので何も考えていないのですが、当時、私は中学三年生の一四歳で指紋押捺をしないといけないという局面に立たされました。でも指紋を押すことは嫌だったので、できないということで押さなかったんです。

その後、私は高校の受験勉強で自分のことで精一杯な人生を生きて、何とか高校に入りました。その間に「辛仁夏を支える会」というものができたり、指紋押捺を拒否したことによって告発されたり、私自身はちょっとわからないところで脅迫されたり、いろんなお手紙が来たりしていたようですが、そのすべてをアボジが対応していただきましたので、私はのほほんと学生生活を送っていたという感じでした。

指紋押捺拒否四〇年の活動については、皆さんがやっていたときに私は『指紋押捺拒否』という映画のパート1にちょっと映っていますけれど、映画を公開するときにはちょうどアメリカに留学していまして、一九八四年から八五年の市民運動がものすごい勢いで盛り上がったときに、私はその場にいなかったんです。その活動というものに触れることができないまま、高校・大学を過ごさせていただきました。

今、スライドとか映画を見て、皆さんがこれだけ素晴らしい活動をされていたんだと改めて実感した次第です。

あの市民運動の中で自分は指紋押捺を拒否していたんですけれども、なかなか当時はまだ子供というか高校生だったし、活動自体を自分なりにしてないので、市民運動が盛り上がって周りの日本の方たちが私を応援してくれたという事実は自分で体験しているのでわかるんですけど、ちょっとまだ消化しきれてない部分が自分の中にあります。それをずっと追いかけているというか、自分なりにこの問題についてずっと関心を持って生活しているという感じです。

私なりの歴史みたいなものですが、ご興味があればまたお話をしたいなと思います。どうもありがとうございました。

婦人会　ジュネーブから国連本部へ
――民団中央からの制約はねのけ

河　榮希（ハ・ヨンヒ）元婦人会中央副会長

今ご紹介がありました元婦人会中央本部副会長の河榮希と申します。よろしくお願いします。映画とスライドを見たんですけれど、婦人会の活動が一つも載ってないのが非常に残念でした。

一九七九年、婦人会中央本部の会長に裵順姫さんが選出されました。この方は当時、大阪の会長も兼任していました。私は中央の常勤の副会長として、毎日中央本部の事務所に通勤していました。婦人会中央の事務所に来て本当にびっくりしたのは、いろんな所から要望や情報が入ってくるんですね。

例えば、「なんで我々は都営住宅に入れないの」とか、「うちの息子は弁護士にはなったんだけれども帰化しないと弁護士業ができない。それはなぜ?」とか、もう本当にいろんな情報が毎日入ってきました。もちろん「指紋押捺を撤廃してほしい」というものも毎日のように入ってきました。

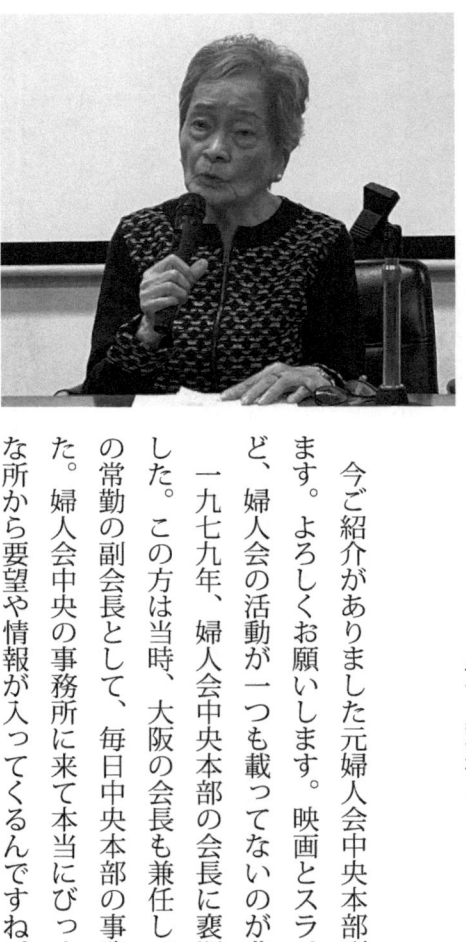

婦人会では役員会を何回も重ねましたが、裵さんが会長になった翌年の一九八〇年一月にエミー・ヤングという人権運動の方、ワシントンに本拠地があり、国連にも発言権をもつ非政府組織の人権団体「国際人権法グループ」事務局長であり、弁護士、バージニア大学教授の女性でしたけれども、この方を招待したんです。我々婦人会は、みんなチマチョゴリを着て空港へ迎えに出ました。そして記者会見をしたり、講演会をしたり、あの方を連れて九州の崔昌華（チォェ・チャンホァ）氏、教会の牧師さんのところも行ったりした経験があります。

指紋拒否第一号の東京の韓宗碩さんや崔昌華牧師からも「やっと婦人会が立ち上がりましたね」と激励の言葉をいただきました。

・婦人会が取り組んだ指紋押捺撤廃運動

裵会長は非常にしっかりした女性で、信念を持っているし、誰が何を言っても曲げない、もうこれが正しいと思ったら、突っ走る女性でした。まず手始めに、指紋押捺の撤廃運動をやりましょうと、役員会で決めました。それで我々は、そのためにはまず研修会をやろうじゃないかと。そのとき婦人会の会員が約二〇万人いたんですけれども、ほとんどが一四歳になったら指紋を押すのが当たり前だと思っていて、そこに疑問すら持っていなかったんです。

それは間違っているよということで、まず研修会をしたい。それで、そのときの中央の団長が朴炳憲さんでしたけれども、「それだけはやめてくれ」と、すごく言われたんです。なぜかと言えば、これは法律で決まっているから、婦人会がそういうことをやったら駄目。でも絶対裵会長は曲げません。「法律であっても悪法は是正すべきだと」主張しました。

そしてもう毎日毎日中央団長と裵会長との話し合いが続けられ、結論的には「アボジたちは静かにしてていいよ、オモニたちがやるから」っていうことで、我々は研修会を全国を一〇カ所のブロックに分けて、やることになりました。その研修会の内容は、「指紋押捺は不当である。我々の子孫のためにこれをなくしたい」というものでした。愛知県立大学の田中宏先生と東大の大沼保昭先生などが、講師として何回もお見えになったんです。各政党にも回ったんですけれどもらちが開かなくて、一九八三年に我々はジュネーブに行きました。

・ジュネーブの人権擁護委員会

ジュネーブには第一回目一二五人が行きました。もちろん女性だけです。赤十字国際委員会と世界キリスト教協議会に行って、我々が来た目的をお話ししながら請願書を提出しました。でも悲しいことにその護委員会には韓国の職員が一人もいないんです。せっかく来たんだから、韓国の職員がいればいいなと思ったんですけれどもいなかった。

日本の方はいました。あのときに我々にとっても親切にしてくれたのが久保田洋さん。あの方が「今日は国際会議がないから、ここにお入り下さい」と言うんです。人権擁護委員会の大ホールに我々一一〇人はチマチョゴリを着て入りました。

そして褒会長がここに来た目的をお話しして、我々の要望書を提出しました。そしたら久保田さんが、「実は僕の奥さんはアメリカ人です。その妻を連れて日本に行ったら指紋を押しなさい。これは自分もおかしいと思った」「これは日本のためにも、この制度はなくして欲しい」とお話しなさいました。

その後も我々はずっと研修会をやりました。役員たちが事務所で研修会の資料を作っているときに、男性二人が見えて、「どなたですかって」聞いたら、「入国管理事務所から来ました」というんです。

「なんの御用でしょうか?」

「いや、何か婦人会で研修会をやるようだし、その資料を一部…」

「いいえ、それは差し上げられません」と言って差し上げなかったんです。

そういうことがあって、我々は研修会をしながら、田中先生と大沼先生と、その他にもこの運動にすごく賛同してくださる先生方がいて、そういう方たちの講演を聞いているうちに、もうどんどん力が湧いてきました。

それから一九八五年にもう一回ジュネーブに行ったんです。そのときも一一〇人ぐらいで行きました。イギリス、フランス、ドイツなどの国を転々としながら、人権運動の方たちにここに来た目的をお話ししながら、記者会見もしました。日本からの特派員の人はとってもみんな賛同してくださいました。吉田やすひこ、堀内みつる、近藤まち子さんらのことを今も覚えています。

その時の一人で今も忘れないのは、ＮＨＫの平田特派員です。平田さんに「でも日本には韓国系で

指紋押捺廃止を求めてニューヨークの国連本部に請願行動。国連前でシュプレヒコール（1984年6月）

立派なスポーツ選手もいるし芸能人もいる。そういう人たちが立ち上がれば、もうちょっとこの運動が楽じゃないでしょうか」と言われました。だけどその方たちは、みんなそれぞれ個人の事情があると思うんです。我々の運動に立ち上がってはもらえませんでした。

それで最後、一九八六年に国連本部に行ったんです。そのときは九〇人ぐらいで行きました。国連本部には韓国の方が何人もいらっしゃったので、その方たちに来た理由をお話ししました。その国連本部の周りをチマチョゴリを着てデモしたんです。そしたらニューヨークに住んでいる在米韓国の女性たちが、一緒にデモを手伝ってくれたんです。やっぱり祖国の人はありがたいと思いながらのデモでした。そういう運動をした経験がございます。

そしてソウルオリンピックになったときに、婦人会が移動トイレを約四〇〇個作ったんです。それを船便で釜山に持っていって、その伝達式をするときに、褒

ニューヨーク市内をデモ行進（先頭、左が河婦人会副会長）

会長は行けなかったんです。
指紋押捺を拒否していましたので、彼女は再入国の許可がもらえないことになるからでした。切り替えの時期がそれぞれ違いますから、他の役員が行って伝達式をやりました。組織委員長の朴世直氏が大変喜んで、「本当にこれこそ必要なものをありがとう」と言って、感謝されました。
私達は行った先々で記者会見をして、特派員たちが集まってくれて、我々に好意的にやってくださったのが非常にありがたかったです。指紋撤廃のための署名運動もしました。東京都に署名用紙を持参し、私たちの要望を話している途中で某幹部に話をさえぎられました。そして、部屋の隅を指さしながら「そこに置け」と言われた時の彼の目つきがとても怖かった。今も忘れません。

・脳裏をよぎった運動することの影響

最後にこの場で私個人の話を一つだけしたいです。

私には息子が二人います。次男の話をしたいんですけれども、次男が日本で高校を卒業して大学は韓国に行ったんです。延世大学の医学部に留学して、一生懸命六年間勉強して韓国で卒業しました。韓国の国家試験も取りました。彼は日本の国家試験も取りたいと思いました。そのときに取り寄せる書類がすごくあったんです。延世大学の卒業証書、国家試験の合格証明書、六年間の成績、六年間の出席率とか、とにかく細かい書類がいっぱいあって、それを全部取り寄せて、厚生省に提出したら日本の国家試験を受ける許可証をいただけるわけなんです。それを全部作って、厚生省に息子と私が行きました。

そしたら、「うん。ちょっとお家で待ってください」と言われました。みんなそうやってお家で待っているんだと思って「はい、わかりました」。ところがいくら待っていても連絡がない。締め切りはどんどん押し迫るばかりです。

それでもう一回行ったんです。「何か不備の書類があるんですか?」。「いや、ないです。でもちょっと待ってください」。主人も私も息子も、毎日、ポストを見るんですね。でも何も来ない。

それである日、この原因は私かもしれないと思ったんです。私がそのとき運動で、結構忙しかったから…。私は厚生省にも入管にも誰も知り合いがいない。いつも研修会に来て下さる田中宏先生にこの事情をお話ししました。

先生もびっくりして「それは親の人権と別個だよ。明日行ってくるよ」と、気持ちよく仰ってくださいました。翌日、先生から連絡をいただいて、「河さん、すぐ行って許可証をもらいなさい」と。

本当に嬉しかったです。その許可証をいただいたのが締め切りの二日前だったんです。息子は国家試験を受けて合格し、今一生懸命仕事に励んでおります。今日この場で再会した田中先生に改めて感謝いたします。ありがとうございました。以上です。カムサハムニダ。

指紋押捺拒否運動は失敗だった
――運動は人が動いて味方になって初めて変わる

高　二三（コ・イーサム）元指紋押捺拒否予定者会議

高二三と申します。今七三歳で前の発言者の九一歳には全然及ばないんですが、今まで行われてきた映画やスライドの流れでこのままだと、民団が指紋押捺拒否運動の中心だったみたいになってしまうので、ちょっと辛口になるかもしれないけれども、私のことをそれは言い過ぎじゃないのと思ったら、馬鹿な奴だと思って聞き流してください。

・指紋押捺運動は失敗だった

ここで最初に林三鎬（イム・サモ）さんが民団が青年会を中心に行った自転車隊のことを話しました。僕は自転車隊のニュースを聞いたときにどう思ったかというと、北朝鮮の帰国事業のことを思い出しました。朝鮮総連がそれをやったんですよ。全く同じように全国を回って、「北朝鮮に帰してくれ」「私達在日の願いだ」と訴えたんです。

在日の運動史を知っていたら、北送反対運動をやっていた民団が同じことやるかねって思ったんです。ただ、それはそれで政治の話です。九州や山口やなんかで自転車隊をやった若い人たちの話をその後聞いて、この運動自体は若い人に良い効果を残したんじゃないかと思いました。

私が思ったのは、あれらをやった民団の人たちは、今どこで、どんな場所で、どんな仕事をしているんだろうかということです。さぞかしいいポストに就いて、この民団を動かしているに違いないと思うんだけども、名前を全然聞かないですね。ちょっとそれが残念で、本当は聞きたいところなんですね。

もう愛想をつかしてしまったのかな、民団に。――そういうふうなことをちょっと思ったりするんですが、笑ってる人は多分ここにいるよって言いたいんだなと思いながら…。

私自身はみんなが思っているほどに指紋押捺拒否運動が成功したとは思ってないです。大失敗だと思っています。

・八五年国籍法改正で変わったこと

僕は八五年まで『季刊 三千里』という雑誌社にいたんですけど、一年に一回ぐらい外国人登録法の特集をやったりして、皆さんに手伝ってもらいながらやってきました。

八五年に男女平等のための国籍法が変わりました。それまで父親が韓国・朝鮮人だったら、国籍法上、子供は韓国・朝鮮人にならざるを得なかった。でも国籍法が変わったことによって、母が日本人だったら、相手が韓国であろうが朝鮮であろうが、日本国籍を取れるようになったんです。最近顕著に見られる、陸上の一〇〇メートル競走のサニー・ブラウンさんとかテニスの大坂なおみさんだとかで、黒人系の日本人が出てくるけど、あれは母がみんな日本人だから日本国籍が取れるんですね。つまり、日本政府や法務省の考えからすると、これだけ国際結婚が進んでくれば、そのうち圧倒的多数の在日が日本の血筋血統を持った日本国籍者になる。

そう思えば、指紋制度は変えざるを得なかったんじゃないかと僕は思っている。だからあのとき「指紋制度を変えろ」っていうことは、果たして正しい運動の選択だったのかと思います。

・協定永住資格者だけでいいのか

僕、よく覚えてるんだけど、八五年に押捺を拒否して、八八年にもう一回拒否したときに、区役所に呼ばれて行ったら、「転写指紋」といって、外国人登録証がカードになったんですよね。カードになって、そこに僕が昔押した指紋が刷り込まれていたんですよ。

僕はそのとき何をしたかというと、ハサミでカードをちょん切って戸籍課長にぶん投げたんです。それが元で告発されて「犯罪者」になってしまったんですが、あのとき転写指紋制度が導入され、みんながもう一回だけ押してこれでおしまいだというときに、それが全部法務省に登録されて、僕らの指紋は全部インプットされて永久保存されているんです。

だからそれから、何回も指紋は押さなくても良くなった。そういうふうな闘い方を僕らはしてきてしまったなと思って、僕はだから反省している。

協定永住資格を持っている人だけでも、せめて押捺はなくなったから良かったじゃないかとか言う人もいるんだけども、全ての外国人から指紋押捺を無くすべきだったのに、そうはならなかったことや、反省が残るんですね。

せめて、せめてというのは、一六歳になって第一回目の指紋を、僕の娘は押さないで済んだってことですね。それだけで他はないですよ。

あとは、法務省と喧嘩するときも、いくら正しいことを言って、こっちが正しいんだ、正義はこっちにあると思っても駄目なんです。それを聞いていた人間たちが「そうだお前の勝ちだ」ってならないと駄目なんですね。

それが運動の原則だというふうに思いまして、私は指紋押捺の後に、済州島四・三事件のことをずっとやりました。真相究明運動をやってきたんですが、これもどっちが正しいかだけだったら、絶対に僕らが正しかったんです。でも、圧倒的多数の国民が、四・三事件は「真相究明をしなければならない」とか、「政府の大虐殺は許し難いことだ」ってならないと駄目なんです。

だから運動というのは、そうやって人が動いて、多くの人が味方になって初めて変わるんだなと思います。指紋押捺も、あるとき最後に協定永住資格を持っている人間だけでもなくなったから良かったじゃないかみたいな、酒を飲むようなシーンが現れたら、もうそれでどっかで緩んじゃって駄目になってしまったんですね。

僕自身は、だから指紋制度撤廃の運動は敗北だったっていうふうに自分では総括しているんです。八七年から始めた出版社で、一番最初に作った本が『指紋押捺撤廃の論理』っていうものです。亡くなった新美隆先生や、金敬得（キム・キョンドゥク）先生、それから田中先生ですね。そういうブレーンになるような日本の方や在日の方がいて、指紋押捺拒否予定者会議の運動のあり方を教えてくれたんですね。

耳元で囁くんです。「指紋を押さないぞ、拒否するぞと言うだけだったら、実際は法律は違反してない。だから押さないぞ押さないぞって何回言ってもそれは犯罪にならない。思うだけだったら犯罪にならない」と。こう教えてくれたのも先生方だし、そういうふうにやってきました。

やっぱりここの会場でやるからかもしれません。民団の成果のように持っていこうとするのはね…。本当は会場を変えて公平な場所でやるべきだし、みんなの意見を聞いて、これは民団運動史ではなくて、人権運動史、在日の反差別闘争史みたいな形できちっと位置づけていかなければならないんじゃないかなってことを今思っています。

以上です。ありがとうございました。

東海道人権行脚隊

――共感して一緒に歩いた日本人の友に感謝

金　泰子（キム・テジャ）元青年会中央女子次長

皆さんこんにちは。只今ご紹介にあずかりました金泰子と申します。

スライドでもありましたように一九八五年の二月八日から三月一日まで、神戸から東京まで歩きながら、各地で指紋押捺制度の不当性を訴えるという「人権行脚隊」というキャンペーン運動が始まりました。

私は当時、神戸在住の大学四年生だったのですが、民団の学生会に関わっておりまして、そこでここ神戸が出発点になる運動をやるらしいということを知りました。それなら出発の一日だけお手伝いしよう、大阪ぐらいまで歩いて終わりにしようと、すごく軽い気持ちで参加したんです。

でもずっと勉強会で、この問題を勉強していたし、自分なりに不当性も感じていたんです。また自分のアイデンティティをちょうどその頃すごくこじらせていたこともあります。生まれてずっと日本名で生活してきたのに、大学に入り、学生会と出会い、二年生の時に本名を使うようになったんです。指紋の問題もそんな頃でしたので、自分の中でもこのころは激動のあった時期でした。

大阪まで歩こうと思って、訴えながらみんなと歩いているうちに、この制度の理不尽さみたいなものが沸々と高まってきて…。なんか無駄に体力だけはあったんでしょうね（笑）。だから大阪で終わるのは勿体ないなと思い始めて、いや次の京都・滋賀ぐらいまでいけるかな、っていうのが、次の日も次の日も、「まだ歩けるかな？　歩けるな」という感じでどんどん延びていったわけなんですね。

結局ゴールの東京まで歩いてしまいましたが、それがもう四〇年前のことだってさっき知ってちょっと身震いしたんですけども…、そんな運動がありました。

さっきのスライドにも映っていましたが、その運動に参加してくれたある日本人の女子学生がいたんです。当時、韓国に興味があり学生会にも顔を出してくれていた明るい女性でした。彼女もこの問題に対してすごく憤りを感じてくれて、初日の神戸から結局ゴールの東京まで一緒に歩いてくれたんですね。

体力的にもきつい中、日本人である彼女を完歩させた思いとは何だったのかと思います。自分の身近な友達、知っている人達が、そういう辛い思いをしている、という理不尽さに共感してくれていたんだなと思います。一カ月五〇〇キロを歩いてアピールする運動は本当に過酷でした。当事者ではない彼女が、一緒に支えて、歩き、訴えてくれたことに今もすごく感謝しています。

今日は、その当時の思いや熱量がよみがえり感慨を持って見させていただきました。ありがとうございました。

【第2部】　拒否運動　研究者の報告

■司会

大学院研究者の報告に入りたいと思います。

今若い研究者の方が四〇年前の運動をテーマにしていることは、私達旧世代にしてみれば、「おお、時間というものはそういうふうに流れるんだ」と、ある種感慨深いものがあります。それでは同志社大学の金由地（キム・ユジ）さん、お願いします。皆さんのお手元に来週、同志社大学で開かれる公開シンポジウムのビラがあると思います。それを進めている方です。

同志社大学で開催の公開シンポジウムのビラ

反外登法運動のユニークさに関心と共感
――フランシス・フォックス・ピヴェンの理論に基づき

金　由地（キム・ユジ）同志社大学大学院生

初めまして、同志社大学社会学研究科の博士課程二年の金由地申します。よろしくお願いします。

出身は兵庫県宝塚市です。在日朝鮮人の四世になります。民族学校に通ったわけじゃなくて、小中高ずっと日本の学校に進学しました。韓国語も大学に入ってから初めて勉強し始めて、途中一〇ヶ月ぐらい韓国に留学したんですが、大学に進学するまでは本当に民族意識なんて無縁でした。今でも果たしてあるかどうかわからないけど、そういったバックグラウンドでここにきました。

・反外登法運動は面白い　不服従の抵抗運動

僕もやっぱりこの八〇年代の反外登法の運動を研究テーマにすると、当事者から本当によく聞かれます。「なんで四〇年近くも経って、若いのが研究しようと思ったんだ」と。いつも答えに迷います。というのもはっきりとした動機があったというよりは、徐々にやる中で、この運動は面白いなと気付かされた部分が大きかったからです。

どんな行動にも事前にはっきりした動機があるわけではありません。僕も何らかの問題意識があらかじめあったというよりかは、指導教員に「指紋押捺拒否の研究をやったらどうか」と言われて始めてみたのがきっかけです。

でも、その当時を闘った方々にインタビューしたり、あるいはニュースレターやビラを読む過程で、確実に反外登法運動にのめり込んでいく自分がいました。今もそうですが、研究やりながら楽しいんですよね。

その楽しさがどこから来るものなのか。今考えると、おそらくこの運動が、具体的にはそのスタイルとか抵抗のあり方みたいなものが、僕のこれまでの経験からくる考えとものすごく合っていたと思うわけです。つまり、在日だから指紋の運動の研究をやっているというよりは、その運動自体が面白いから研究に取り組んでいるというのが、僕としてはしっくりくるのかなと考えています。

例えば「社会運動」と聞いて、私達が往々にして思い浮かべるのが、デモとか集会です。でも反外登法運動においては指紋押捺拒否という、いわば直接行動が基盤となっていました。これはよく考えてみるとたいへんユニークな事例だと思うんです。もちろん運動の中でデモとか請願はたくさんありましたが、とはいえまさしく「指紋押捺拒否運動」と呼ばれるように、運動のベースにあったのは外国人個々の不服従です。不服従の積み重なりが、最終的に制度を撤廃するに至った。これがまず面白いポイントの一つです。

・生活に根ざした抵抗

もう一つ、この運動が魅力的だと思う点は、同じ「反外登法」という運動の中にいろんな人がいたことです。本当にユニークな方々が各地でむちゃくちゃやっていました。これが結構当たり前のようなことに感じますが、社会運動の歴史においては非常に珍しい事例だと思います。

世代、立場、動機、問題意識、これらが全く異なる拒否者が一つの運動に結集できた。それは突き詰めて考えてみると、個々が生活の場である自治体で抵抗できる、こういう条件があったからだと思います。指紋押捺拒否とは、個々の主体的な決断に基づく抵抗であったからこそ、そこにコントロールしたり統制しようとするような指導的な立場や運動理念、あるいはイデオロギー、こういったものが入り込む隙はなかったわけです。

面白いのが、インタビューをしている中で気づきましたが、当事者の皆さんが自分の地域以外でどういうふうに運動が進められていたのか知らないんです。これもまた、ある種、運動に「中心」が存在しないことを裏付けるものではないかと僕は見ています。こういうまとまりのなさというか、アナーキーさというか、それが個人的にたまらなく面白いなと思うわけです。これらの理由が、現在も研究に熱中して取り組めている背景にあるかなと思います。

・社会学者　フランシス・フォックス・ピヴェンの「攪乱の力」

研究の内容ということですが、つい最近論文を書き終えました。それについてちょっと話そうと思います。

アメリカの社会学者にフランシス・フォックス・ピヴェン*という人がいます。日本ではほとんど知られてなくて、著書がいくつかありますが日本語訳は一つもない。そんな方です。僕の論文はこのピヴェンいう人の議論に大きく依拠していて、それについて簡単にご紹介しようかなと思います。

ピヴェンの関心はものすごくシンプルです。従属的かつ被抑圧的な立場に置かれており、しばしば無力であるとみなされがちな人々の抵抗が、あるときには成功してあるときには失敗する。これはなぜかということに関心の軸があるわけです。この問いに、彼女はいくつかの事例から検証しています。例えば一九三〇年代の労働運動であったり、一九六〇年代の公民権運動や福祉権運動とかを事例として扱うわけですけど、これらの分析をもとに、一つの結論を導き出します。それは「ある特定の抵抗の形をとった運動は、権力側の譲歩を引き出すことに成功する傾向にある」というものです。

どういった抵抗の形なのか。ピヴェンはいくつか例を挙げています。

例えば、ストライキです。労働者が職場を放棄する。そうすると生産がストップして、工場が閉鎖します。ボイコット、どうでしょうか？　学生が集団で授業をボイコットすると教育機関の正常な運営は妨げられます。公民権運動ではバス・ボイコット運動が有名で、人種隔離がなされたバスをボイコットするという運動がありました。

こうした行為に共通することは何か。それは、工場、大学、あるいは人種隔離政策、これらの制度や政策が、人々の協力や貢献に依存しているということです。ここがポイントです。

つまりこれらの制度は、下の立場に置かれた人々の協力なしには成り立たないんです。しかしひとたびこれらの協力を差し控えたり拒否すると、制度はたちまち混乱状態に陥ってしまいます。

ピヴェンはこうした抵抗を「攪乱」というふうに名付けました。そしてピヴェンは、「大衆による攪乱こそ運動の成功における最も重要な要素であった」と結論づけるわけです。

・「攪乱」としての指紋押捺拒否

これを指紋の運動に当てはめて考えてみようというのが僕の論文です。従来、指紋押捺拒否は、社会に根強く残る民族差別や外国人差別を公論化するための象徴的行為というふうにみなされてきたのではないかと思います。確かにそれはその通りなんです。いろんな語りの中に見られるように、多くの在日朝鮮人にとって指紋押捺というような身体経験は、自らの置かれた不条理を象徴するようなものでした。だけどそれだけじゃないんです。当局側の視点に立ってみると、指紋押捺を拒否することは、外登法制度を破綻させる潜在力を持った極めて政治的な行為として映ったわけです。

さっきの大学の事例のように、外登法もまたある種の協力に依存していました。それは、個々の外国人が役所に直接足を運んで、窓口で指紋を押すという協力です。大勢の人びとがこれを拒否することは、いわば当局にとって外登法行政を骨抜きにする脅威以外の何ものでもなかったんじゃないかと。まず一つに、このように考察しています。

・自治体の非協力と当局の動揺

もう一つ、当局が依存する協力がありましたよね。それは自治体の協力です。機関委任事務。当時よく耳にしたんじゃないかと思います。市町村が制度の実施主体として国にかわって登録業務を遂行する、そういったものでした。

当局にとって制度のスムーズな運用のためには、現場で事務を担う自治体の協力が不可欠でした。法違反をする者に対しては直ちに告発し、法務省の通達には従順に従う。こういった協力なしには外登法は成り立たなかったわけです。

さて八〇年代にどういうことがあったかというと、皆さんよくご存知の通り、多くの局面で自治体は拒否者に連帯を示し、制度の実施そのものに非協力的な姿勢をとりました。告発を留保したり、法務省の五・一四通達を無視したり…。他にもたくさんあるんですけれども、今日いらっしゃる水野さんが一番よく知ってらっしゃると思います。

こうした視点から分析しようと思った背景には、水上洋一郎さんという方の存在があります。この方は八五年から八七年にかけて法務省の入国管理局登録課で補佐官を務めておられました。水上さんにはこれまでに二〜三回インタビューしたことがありますが、お会いするたびに十数冊にのぼるノートを持ってきてくださるんです。

それがどういうノートかというと、例えば会議などで、どこどこの省の官僚がこういう発言をしたというようなことがこまめにメモされているんです。それが十数冊にもなっている。それをパラパラと読んでみると、全国各地に伝染して増殖していくような拒否者と、法務省の言うことを聞いてくれない自治体に、当局がどれだけ手を焼いていたかということがよくわかるんです。つまり、日々めまぐるしく増える指紋押捺拒否者と、行政を現場で担う自治体、彼らによる攪乱を前にして早急の対応を迫られている、こういう当局の様子が浮かび上がってくるわけですね。

数年前に岩波新書で『人権と国家』という本が出ました。そこで指紋押捺拒否運動についても言及されています。著者曰く、「指紋押捺拒否運動の『成功』において、一九七九年国際人権規約の批准に始まる国際人権レジームの到来が決定的な役割を果たした」「人権侵害として指紋押捺制度の不当性を訴えることで、国内外で広く支持を獲得し、最終的に制度を撤廃させるに至った」と。

もちろん、普遍的人権理念の存在は一定程度運動を後押ししたのではないかと思います。でも僕はそれと違う見方を採っていて、つまり、奥にいらっしゃる朴容福（パク・ヨンボク）さんの言葉を借りると、「運動は指紋を押す立場である拒否者と、採る立場である自治体、そして押させる立場である中央当局」、この三者の関係性によって規定されていて、押す立場による拒否が採る立場の自治体の非協力を誘発し、結果として押させる立場の譲歩を引き出すという、こういう連鎖的な効果をもたらしたっていうのが僕の見解です。ここまでが僕の論文で書いた内容になります。

・組織的な統制が入ると撹乱は鋭さを失う

一つ問題提起をさせてください。さっき話したピヴェン、彼女は結論の中でこんなことを言っています。「大衆による撹乱こそ運動の成功において最も重要な要素であった。そして多くの場合、撹乱は組織がほとんど機能しないところで生じた。組織的な統制が入り込むと、撹乱は本来の鋭さを失ってしまう」「組織は、組織の維持が自己目的化してしまうことで、容易に政治に取り込まれてしまう」つまり、ピヴェンは組織運動に対してものすごく批判的な立場をとっているわけです。

ちょっと挑発的な問いかけになってしまいますが、この在日社会において最も大きな民族組織の一つである民団の八〇年代における取り組みを、皆さんどう見られておられるのか、改めて振り返る場にしなきゃならないんじゃないかと、そういうふうに思っています。

さっき話した水上さんノートを見ると、法務省はしょっちゅう民団中央の上層部と公式あるいは非公式の形で会合をしているんです。当局からすると民団幹部は話せる存在だったわけです。民団中央は留保運動はしたものの、あくまで「順法闘争」を第一に、基本的には請願活動がメインでした。本国である韓国政府の方針と歩調を合わせるように、八〇年代半ばの早い段階で運動の前線から、結果的には退いていく形になりました。

さっきの写真やスライドにも、やっぱり八六年以降が全くないわけです。当時、まだ指紋押捺制度は続いていました。なおかつ民団が指紋制度とともに撤廃を訴えていた常時携帯義務もバリバリ残っていました。ずっと組織の目標として掲げていた指紋押捺撤廃、常時携帯義務撤廃がいずれも達成されてないのにも関わらず、民団の運動は消極的になってしまった。それでも青年会や婦人会は、中央とはやっぱりちょっと違う態度をとっていたようにも見えるんですよね。

先ほどのお話からもやっぱりそういった緊張関係というか、内部の葛藤が伺えたんですけど、これについても、もうちょっと話してみたいなと僕は個人的に思います。論文を書いた僕としては、八〇年代の運動は基本的に、拒否者、自治体、中央当局の三者間の関係性が中核にあって、組織としての民団の取り組みは確かに無視できないし、目立つものでもあったんです。ただ、ちょっと周辺的なものだったのかなあと、個人的に位置付けています。「いやいやそうじゃないんだ」という異論とか、様々なご意見があるかと思うので、もし時間があれば後ほどそういった対話を深めつつ、四〇年前の闘いを振り返るような場にできればいいかなと思っております。僕からのお話は以上です。

*フランシス・フォックス・ピヴェン

報告者のお話のように、日本でピヴェンはあまり知られていないようです。少し古いものですが、国際社会学会のニューズレターにインタビューが掲載された際の人物紹介を、次頁に転載します。

〔フランシズ・フォックス・ピヴェン〕

フランシズ・フォックス・ピヴェンは国際的に著名な社会科学者で、皆に愛される教師である。彼女はラディカルな民主主義者であり、学者でありながら活動家でもある。

貧困層を擁護する勇敢な活動には目を みはるものがある。Richard A. Cloward (リチャード・A・クロワード) との共著 Regulating the Poor: The Functions of Social Welfare (1971) は学術論争に火を灯した。彼女の初めての学術書だが、社会福祉政策分野の在り方を再考 することにつながった。

継続研究課題の中で彼女は、貧困層の崩壊活動が近代アメリカ社会福祉国家の礎を築いたこと、この活動はプログレッシブな社会政策と政治改革を押し進める上で必要だ ったことを論じている。

彼女は常に自らの学術研究を、政治的な仕事にリンクさせており、社会福祉権の運動や投票者登録を促す運動を起こしたパイオニア的存在である。また、公然とオキュパイ運動を支持した人物でもある。

彼女はメディアを前にしても、自分の考えを曲げることはない。テレビ討論では、自由主義経済学者のミルトン・フリードマンに拮抗する著名なラ イバルとして争ったこともある。

彼女は数多くの賞を受賞し、表彰もされ、アメリカ社会学会会長 (2007 年) を務めたこともある。インタビューの中で彼女は、“interdependent power” (相互依存の力) という独自の理論の詳細を説明する。この理論は、彼女の研究業績の根幹となるものである。

アメリカ合衆国の政治学者ロレーヌ・C・メナイト (ラトガース大学) は、2015年5月30日にピヴェンをインタビューした。

https://globaldialogue.isa-sociology.org/uploads/imgen/1683-v5i4-japanese.pdf

【第3部】 運動現場からの報告と提言

■司会

この間ずっと運動の現場に携わってこられた旧拒否者も含めた、周辺の意見も聞きたいと思います。

第2部の金由地さんのお話にもありましたが、自治体職員で運動の側にいた元区役所職員の水野精之さん、映画『在日』で指紋押捺拒否予定者会議のリーダーとして語っておられた、朴容福（パク・ヨンボク）さん、指紋押捺を拒否したため再入国を拒否され闘ってきたピアニストの崔善愛（チェ・ソンエ）さん、

そして最後に本日のセミナーの締めくくりとして、指紋押捺問題のみならず、在日やマイノリティの問題にずっと関わって来られた一橋大学名誉教授の田中宏先生にお願いします。

（各発言の前後における司会の紹介をまとめて掲載した）

自治体職員、実名びっしりの抗議ビラ
——葉っぱをむしれば巨木も枯れる

水野精之（みずの・まさゆき）元区役所職員

水野と申します。外登法運動の真っ最中のときは、東京二三区や全国の自治体関係の仲間たちとともに、住民管理制度を壊してやろうということでやっていました。

私は一九八〇年に板橋区役所に入ります。そのころの役所はけっこう差別的で、国民健康保険課の先輩たちは、「朝鮮征伐に行くぞ」と言って職場を出ていくわけです。

何を言っているかというと、「国民健康保険に入りましょう」「入ったら保険料を払いましょう」という勧誘です。日韓協定によって、在日韓国人は国民健康保険に入れるようになりました。自営業の多い在日には国民健康保険に入れないのはつらいでしょう。だけど韓国籍に変えれば健康保険に入れます。だからこれは朝鮮籍からの書き換えをともなうもので、それを「朝鮮征伐」って言って出かけて行くわけです。

障害者についても、ある職場に障害者が入ってくる。そうすると人の半分しか働けない障害者に、面倒見る職員が一人つく。実際職場としたら大損害だから、早く辞めるようにあたりが強くなる。説得するのは組合役員なんかが積極的にやる。そういう職場でした。

僕ら若手職員はやっぱりそういうのが嫌だった。「共に生きる」といったそんな話では全然なくて、人に悪いことまでして飯食いたくもないと思っていました。

最初の仕事は、「住民記録」というのをやっていました。戸籍や住民票です。二三区の仲間たちとともに、戸籍問題とか住民票の問題をやりました。もう亡くなりましたが評論家の佐藤文明さんが、当時『戸籍』という本を出していました。彼は我々の仲間で、戸籍の職場の労働者でした。あまりに住民記録の差別と管理がひどかったんで本を書いたんです。その佐藤文明さんは、このあいだ亡くなった女性解放家の田中美津さんから多くの影響を受けたり、新宿区が職場だったので、韓さん一家の指紋拒否にもはじめから関わっていました。

・「自分たちはやらない」　職員の実名でびっしりの抗議ビラ

「こんな職場じゃまずいよ」「外国人であろうと障害者であろうと、ぎゅうぎゅう管理するものを何とかせにゃいかんな」と言っている間に、一九八二年、衝撃的な事件が起きます。「精神衛生実態調査」が五年に一回行われる年でした。

各地にいる精神障害者がどういうふうに暮らしているか、一人ずつ行動状況や生活状態を細かく報告しろというものです。そして新聞は書くわけです。どこそこで精神障害者が事件を起こしたとか、どこそこで殺害事件があったけど精神障害だったとか。そういうことが蔓延しないように、全員を調査するというのを五年一回ずつやっていました。

ところが一九八二年のある日、職場に行ったら、裏表に人名がびっしり書いてあるビラが置いてあった。それは「精神衛生実態調査ということで障害者を調査することを、私達はやらない」というビラでした。

保健所とか福祉事務所の職員が、個人名でどこそこの誰それ、例えば板橋であれば板橋保健所の誰それ、北区福祉事務所の誰それと、職場と名前を全員出してビラの裏表びっしりにして、「精神障害者を駆り出すための仕事はやらない」とのビラが、二三区一斉に撒かれたのです。

これは驚きでしたね。先ほどから言われている「機関委任事務」、国は当たり前のことだと言います。「精神に障害を持っている人間を五年一回ずつ、きちっと調べなければ危ないでしょ」「やらなきゃ駄目ですよ」と言うわけです。ところがそのビラは、二三区の職員の名前でびっしり埋まっていたわけです。「自分たちはやらない」ってはっきり宣言した。

東京都は慌てふためいて、「精神衛生実態調査はやりません」と表明してしまいました。機関委任事務は、今でも法定受託事務とその名を変えながら、沖縄の人たちにゴリゴリとなされているし、やらなければ金を自治体に回さないなどが公然と言われたりしている。

それが八二年に打ち返された。この衝撃が大きかったし、それを提起した精神障害者の人たちの頑張りが実を結んだんです。そういうふうにしている間にも八二年という年には、戸籍の嫡出子や非嫡出子、住民票の続柄や部落差別に繋がる大量閲覧、外国人登録・指紋押捺拒否が話題になっていました。

・各地で始まった抵抗

指紋拒否は八四年からは組織的には運動として始まるわけですが、それ以前に萌芽形態が見えているわけです。東京二三区で言えば新宿に韓宗碩（ハン・ジョンソク）さんがいらして、そこには戸籍の研究者の佐藤文明もいて、あるいは北区ではキャサリン森川というアメリカ国籍の方もいらっしゃった。

もう各地にいました。杉並区だと、お亡くなりになりましたが金敬得（キム・ギョンドゥク）さん。韓国に留学に行く直前に指紋は押さないと宣言して出国しました。墨田区では中国残留孤児が、パトリシアとかマルゴとかルイとか名前からでも指紋拒否の多国籍化がわかります

もうどこでも話題になっていたわけです。そこに「精神衛生実態調査を僕らはやらない」と頑張っている人たちがいて、機関委任事務に抵抗しても処分できない。機関委任事務への抵抗は孤立していないことが実際に見えたわけです。

自治体とか国家の当局者は、いつも嫌な仕事を「お前がやれ」ってやるわけです。法務省の黒木登録課長、指紋なんか自分じゃ採らないわけですよ。下っ端の役人に話して、「お前やっとけ」ってや

るわけですよ。

告発も同じで、「指紋押捺拒否者を告発しなければいけない」と法務省はいつも言う。「公務員は犯罪者を見つけたら告発する義務がある」と言うが法務省の人間はしない。結局、自治体の職員に強要するわけです。「なぜ告発しない。なぜ押捺拒否したのを認めてんだ。放っとかないでさっさと告発しろ」というわけです。ところが実際、総連の人にしろ民団の人にしろ、法務省と交渉したとき外登証を持ってないとか、指紋を押してないとかしたら、法務省は告発したか？ 彼らはやらないんです。自分の手は汚さないわけですよ。「お前がやっとけ」というのは、地位の上下の確認でもあるわけで、支配を貫徹する、機関委任事務とはそういう仕事で、そういうのを聞くと自治体労働者としてはますます腹が立つわけです。要するに自分らが下っ端扱いになっている。

「お前やっとけ」っていうのは機関委任事務の本来の形で、僕らもまた管理されている。そうしたものを壊していかなきゃいかんよと。戸籍や住民票の管理、それと同じように障害者、まして精神障害者で始終監視されながら生きている人たちも、こんな生きづらさと、さよならしたいと思うわけです。

そういういろんな汚物が自治体に向けて流れ込んできた時代です。そこに青年会とか予定者会議が暴れてきたらね、今度こそ我々も負けないって、法務省をぶちのめしてやろうじゃないかと、やっぱり思うわけです。

・葉っぱをむしれば巨木も立ち枯れる

「入管体制」って左翼はそういう言葉を使います。入管と闘ってもなかなか勝てない、敗北の歴史だと。でも勝てる方法ってあるんじゃないのっていう話ですよ。

私なんかよりも朴容福（パク・ヨンボク）氏が喋るだろうけど、先に言っちゃうと、入管体制とか法務省がつくっている体制は巨木です。私達のか弱い指では大木は倒せないんですよ。様々な方が関わったけど外登法も入管法の闘いはなかなか勝てなかった。

昔、国籍書き換え問題もあった。あれも機関委任事務だったけど多くの革新自治体が負けました。この指では巨木倒せないし、革新自治体でも倒せなかった。

だけどいかなる巨木と言えども、「お前やっとけ、お前がやれ、告発しろ、指紋採れ」と末端の葉っぱがやらされる。自治体っていう葉っぱが三千くらいあったんですよ。その葉っぱを通して巨木は養分吸っていたわけです。だけどね、江東区役所であるとか立川市役所だとか、その葉っぱ一枚一枚になったら、このか弱い指でむしれるんですよ。

全国各地に会ができた。各地で葉っぱむしれるでしょ。木は倒せなくても。一年間二年間、「告発しちゃいけない、指紋押さなくても追及するな」、キャンキャンやって葉っぱ全部むしっていたら、巨木はまだ残っていたけれども、立ち枯れしてしまった。というのが外国人登録法です。我々にはこの指がある。か細い指が自治体労働者にも在日外国人も、もちろん障害者にも。

我々のできる闘い方、そして闘いができる戦場を自治体に設定し抜いてやっていた。以上が大事なのかなと私は勝手に思っています。そして、韓国青年会、予定者会議にしろ、中国人の人たちにしろ、欧米系の人たちにしろ、やっぱりそれぞれの地域にいて、それぞれに葉っぱをむしってみせた。こういうことに尽きるのかなと思います。

税金滞納で永住資格剥奪は四〇年前の悪夢
――資格制度の恩恵ではなく、権利のための闘いを

朴　容福（パク・ヨンボク）元指紋押捺拒否予定者会議

四〇年前の話ですが、話しだすともう、たぶん止まらない。でもそういう話をしてもしょうがないし、この集まりは今後どうするか、どう生きるかということも考えましょうというテーマでもあるので、そのことについて一点だけ言いたいと思います。

関東の外登法闘争が非常に激しくなって、私らがデモやると必ず機動隊とぶつかって、何人も逮捕者が出るという、そういうことの繰り返しでした。一応、指紋全廃になるという形で結果を得ることができました。ただその中では、今思うと本当に悔しいこととか、やりきれなくて残念だったことがいろいろある。

その中の、おそらく私にとって最大のことは、後ろの方に座ってらっしゃる崔善愛（チェ・ソンエ）

さん、指紋押捺を拒否して永住権を取り消されたということの点ですよ。その当時、そのことの意味を、私はよくわかってなかった。つまり指紋を拒否するというその一点で私らの永住というものが取り消されることの真の意味ということが、実はよくわかってなかったんです。

それはもう終わった話というふうに思っていたけど、この六月、入管法が改悪されて、税金の滞納などを起こした外国人の場合、その中に私も入っておりますけれども、永住資格を取り消すという。これは四〇年前の悪夢が蘇ったような感じで、本当に体が震えるほど怒った。民団も国会の前で抗議集会をやっていたし、抗議行動もやりましたけど、四〇年前に崔善愛が指紋拒否、「私押しません」というそのたった一言で奪われた、私らの永住資格というもののこの軽さ、そしてそれから四〇年経って税金の滞納とかで永住資格を取り消しますよということが、再び出てきたことをどう考えますか?

本当に腹がたつ。つまりそういう存在なんだということを、私らは本当に理解しておかなくちゃならない。私もずいぶん滞納して督促やられたことはあるんだけど、つまりそんなもので取り消されるわけだ。

〝特別永住資格〟そういう身の上だということをやっぱり甘く考えちゃいけないと思います。横浜の金さん、若いし私らが八〇年代にやっていたときの運動の感覚を理解してくれそうな感じだからちょっと聞きますけど、在日である私らにとって究極の目的は何だと思いますか?

「永住資格」じゃないんだってことですよ。永住資格である限り、崔善愛さんが「嫌だ」と言ったことで資格を取り消され、今、税金の滞納とかで資格を取り消すと彼らは言っているんです。よく考えてみよう。あらゆる権利を勝ち取るために闘ってはきたけれど、実際のところ恩恵的な資格制度の中にある。これが本当に権利と言えるのか。民団は参政権の運動もやったけど、私がもし、これだけ勝ちとったらもう死んでもいいやと思うものが一つあるとすれば、それは「永住権」なんだ。資格じゃなくて永住権。つまり「お前ら日本から出て行け」と言われない権利、言わせない権利、これが真の永住権だろうと俺は思います。その中にこそ、参政権も含まれるというふうに思います。

私らは外登法闘争やりました。高二三さんの批判ももちろんありますし、十全にはやりきれなかったけども、いやあ、実は日韓条約の中で作られた在日の法的な条件というふうなものにずっと乗っかっているんです。そして私らは忘れているかもしれないけど、日本国家は忘れてないなと。今回、この入管法改悪であらためて知りました。

いろんな課題があるよ、もちろん。しかし在日の私らが、今後の四世とか、五世、六世、なおかつ韓国籍あるいは朝鮮籍で生きるのであれば、あるいは他の外国人との共生を考えていくのであれば、在日こそが中心になって、真の永住権というものを勝ち取らなければ駄目だろうと思う。でないと、常に資格制度の中で、日本国政府の思いのままに翻弄されて、好きな時に取り消されてしまうのが、私らの永住資格じゃないですか。

そのことの意味をやっぱりもう一回考えてほしい。それはもちろん容易なことじゃないし、日本という国を相手に闘うことのしんどさは外登法の中でよく体験したけれど、しかしそこまでいかないと在日は解放されない。真の自由は得られないというふうに思います。

外登法の当時も、ずいぶんこんなことを言っていました。私らが持っているのは恩恵的に与えられた、あるいは日韓の間で作られた永住資格にすぎない。それを自分らの手で永住権としてこの日本社会で勝ち取りたい。それができれば、私は死んでもいいと思いますが、もし今後とも一緒にやるのであれば、頑張ってやり抜こう。

指紋押捺拒否で再入国不許可の存在
――希望を語り合う場をつくりたい

崔　善愛（チェ・ソンエ）ピアニスト

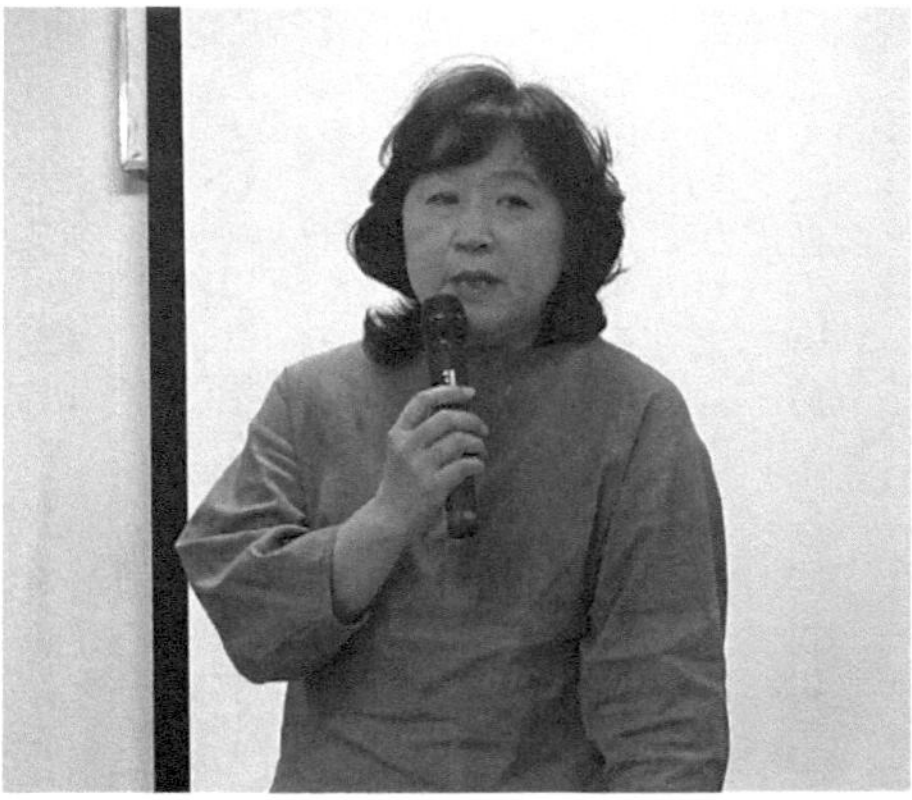

みなさん、お久しぶりです。いまみなさんのお話聞き、四〇年前に戻ったような不思議な気持ちです。いまお話くださった朴容福（パク・ヨンボク）さんにもずっとお会いしていませんでしたが、彼の発言を聞きながら、ああ、また同じことを考えているんだなと。在日に会うたび思うのは、なぜか同じ悩み苦しみを抱えていて、それぞれが違う経験を積み、違う場所で生きているのに、つまるところ同じところで苦しんでいる。「外国人登録」、「再入国許可」、「国籍」そして「参政権」の問題。別に国家と闘おうと意気込まなくも、そこにたどりつく、それが在日ですね。国家によって排除されつづけてきたからこそ、国家に出会わざるを得ない存在なのでしょう。

今年（二〇二四年）も、入管法の「改悪」によりとんでもない問題が起こっています。税金を滞納したりなどすると「永住資格を剥奪される」という、「寝耳に水」のような驚きです。ご存じのように、わたしは二一歳のとき指紋押捺を拒否したことで、再入国不許可となったまま、二六歳で米国留学し、二年後の一九八八年、一時帰国の際に、特別永住権を喪失。「一八〇日の特別在留」に転落新規入国者扱いとなりました。永住資格を失い、在留期間を半年、そして一年と切り替えながら生活することは、自分の人生の先を、自分で組み立てられず、国家の「許可」によってしか、この国に住めない。それは、しんどい一四年間でした。これを裁判に訴え、高裁では一部勝訴するも、最高裁で棄却。(一九九八年)その後、国会・参議院法務委員会で「指紋押なつ制度廃止」の審議で、参考人として意見陳述したことで、二〇〇〇年四月、特別永住資格をとりもどしました。が、国会の審議に出ていなければ、わたしはいまも、一年の在留を更新する生活を続けていると思います。

この一連のことを通して、わたしたちの持つ「永住」は、いとも簡単に奪われるシロモノだということがわかりました。

とくに私の場合、忘れられないのは、留学のため出国手続きをしようとした成田空港の窓口で「外国人登録を置いて、出て行ってください」と言われたことでした。それまでは、外登の携帯義務など、管理と服従の外登でしたが、それを取り上げられたとき、ああ、もう私は日本には存在しない者とされたと戦慄を覚えたほどです。

先ほど、高二三(コ・イーサム)さんが、「指紋押捺の闘いは勝ってはいない。失敗に終わった」との発言がありました。勝ったか、負けたか、わたしにはわかりませんが、いや、わたしは自分自身には勝ったとあえて言いたいです。それは人間として国家から自立し、自分を獲得するために必要な内なる闘いでした。指紋をとられてきたわたしたちが、「No」と声をあげ、ひとりひとりが人生をかけて挑んだ。それは自己回復であり、在日として生きるという宣言でもありました。

とかっこいいことを言ってしまいましたが、父・崔昌華（チォェ・チァンホァ）牧師が一九七五年以降、毎年九月一日、JR「お茶の水」駅の改札前で「関東大震災時の朝鮮人虐殺を覚える」と大きく書かれたのぼりを自ら掲げ、署名を道行く人に求めました。三〇年前、父は亡くなり、この「九・一集会」は引き継ぎ、いまも継続していますが、駅前でのぼりをあげて署名することがわたしにはできていません。日本社会の目、日本人の目がこわいのです。

外国人登録法は、形を変え、その歴史はわかりにくくなっています。侵略の道具とされた指紋。このわかりにくい闘いを伝えつづけることの難しさ。そして植民地支配の歴史を否定する流れに抗うには、何をすればよいのか。希望はどこにあるのか。

きょう、あらためて、原点に立ち戻り、私たち自身が希望を語り合う場をつくってゆきたい。互いにもっと関わり合いながら、歩んでいきましょう。

人間性の復権と個人の尊厳を求める闘い
――日本の排外主義の根は深い

田中　宏（たなか・ひろし）一橋大学名誉教授

裵哲恩さんから来た難しい質問に、メモを一枚用意しました。教師が学生にレポートを書かされるような感じです。

今日のタイトルは「今、在日社会に求められているものは」とあります。「在日に求められてること」を、私が何か言う立場ではないと思って、「在日」のところを括弧付きで〔日本〕にしたんです。結構気になってね。

メモにある三つの項目は、裵さんが私に出した課題です。それに答えようと思います。

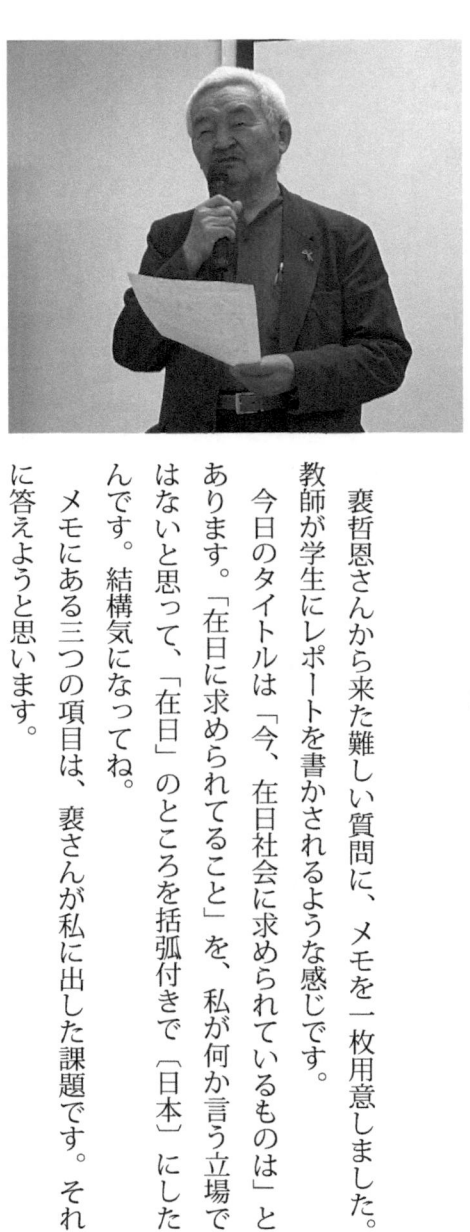

(1) 日本の排外主義

日本の排外主義について。先ほど、関東大震災の話がありましたが、実は関東大震災で朝鮮人虐殺が行われた頃、東京「帝国大学新聞」に朝鮮人留学生尹泰東が「若き日本へ寄す―朝鮮人虐殺について」を書いています。その一部を紹介します。

「日本の教育は人間となるよりも、まず国民となれという、……朝鮮人を殺すことを以て日本国家に対する大なる功績と思って居たように見える。先年の朝鮮独立運動の時の水原（スウォン）事件、*間道〔島〕事件、*並びに此の度の虐殺事件……」とあります。

震災時の虐殺事件が起きたとき、今回の事件は、どういう性質の事件なのかについて、留学生は実にズバリと書いています。

私が、一番大事だと思ったところは、日本の教育というのは、「人間となる前に、国民になれ」というところです。だから国がやることなら何でもやる。そうじゃないかなって気がする。それが「日本の排外主義」ではないでしょうか。

もう一つ押さえたいのは、戦後最初の東大総長は南原繁（一八八九～一九七四、四五・一二～五一・一二東大総長）です。なかなか著名な人ですけど、この人は戦争が終わった翌年の天皇誕生日（天長節）に、東大の学生を前に講演をします。その中で私が一番気になる部分だけ書き出しました。

「外地異種族（あんまり聞いたことない言葉。なんで使うのか聞きたいところ！）の離れ去った純粋日本に立ち返った今、これ（天皇制のこと）をもしも失うならば、日本民族の歴史的個性と精神の独立は消滅するでありましょう」（「天長節―記念祝典における演述」四六・四・二九）と。〝朝鮮人が日本からいなくなって純粋の日本になった〃と、東大総長が言っているわけです。日本の排外主義はとても根が深いといえましょう。

その次の総長は矢内原忠雄(一八九三〜一九六一、五一・一二〜五七・一二東大総長)です。戦前、東京帝国大学で「植民政策論」という講義を担当し、植民地研究の第一人者で、『帝国主義下の台湾』(一九二九)は名著とされる。戦後、その「植民政策論」という講座をどうするかということになるんです。そこで矢内原は、「日本はもう植民地はなくなったし、植民政策でもあるまいといって、植民政策論という講座を、国際経済論という講座に変えた」(「私の歩んできた道⑪」東大新聞五八・二・一二)。これですべて終わりなんですかね。

(2) 改悪「入管法」たびたび変わる入管法、変わらない外国人重罰規定

二つ目の課題は、改悪入管法です。

入管法ってしょっちゅう変わるんですね。さっき話がありましたが、税金を滞納しているとか、社会保険料を払ってないと、今後は、「永住資格」を取り消すことができると、つい先日の入管法改悪に盛り込まれました。これに関連して、メモに「度々変わる入管法と変わらない外国人重罰規定」と書きました。

指紋押捺義務は外国人登録法に決められていた。指紋を押さないと「一年以下の懲役もしくは禁固、

または二〇万円（八二年改正前は三万円）以下の罰金に処する（併科も可）」と。指紋拒否が出てきて、それに上積みする形で、八二年一〇月に、突然「指紋不押捺者」には「再入国許可を認めない」という「過剰制裁？」、「二重制裁？」を持ち出してきた。入管の「お家芸」といえよう。先の「永住資格」に手を付ける「手法」も同じ発想といえます。

ご存じのように、外国人登録法は二〇〇九年の法改正（入管法・入管特例法・住民基本台帳法など一括改正）により廃止された（施行は二〇一二・七・九）。日本人と同じ住民基本台帳に入れることになった。住居移転の届け出義務、つまり引っ越したら役所に届け出なさいって、それは廃止される前の外国人登録法の中にも書いてある。

「一四日以内に届け出る義務」は、日本人も外国人も平等です。ところがそれに違反した場合の罰則が違う。日本人は、住民基本台帳法に「五万円以下の過ち料」と定められている。外国人は外国人登録法に「二〇万円以下の罰金」と定めていた。「罰金」はご存知のとおり刑罰ですが、「過ち料」は行政罰ですから刑罰じゃない。

「二〇万円」と「五万円」の四倍差はどこから出てくるのでしょう。「日本人は五万円だけど、外国人なら二〇万ぐらい取った方がいいんじゃないか」っていう意識があるんですかね。金額の四倍差もさることながら、罰金は行政罰の「過ち料」と違って、刑罰として前科に参入される。

この法改正のとき、私は、国会に参考人として呼ばれたので（〇九・七・二、参院法務委）この点（外国人重罰規定）を指摘しました。

関連法案を審議して外国人登録法を廃止するわけです。「参考人」招致は、ある種の儀式なんです。何度か付き合いましたが、参考人の都合なんて全然聞かない、国会が一番偉いんだから、黙って足を運べと言わんばかりです。参考人の質疑が終わると、たいてい採決ですかね。参考人の話を聞いて、いろいろ考えようってことはないようですね。

二〇〇九年七月にこの法案が通った後、民主党が政権を取るんです。しかし、今日まで「外国人重罰規定」の問題が取り上げられたことはありません。私は機会あるごとに、「これはおかしい」って書いてきました。だけどメディアも興味ないようだし、野党も関心ないようです。国会で質問したら面白いと思うんだよね、大臣に。「日本人は五万円で、外国人は二〇万円」ってどういう立法事実に基づくのか、その答えを聞きたいところですね。結局のところ、入管法において、外国人は、「煮て食おうと焼いて食おうと自由だ」と、かつて入管の参事官池上努が書きましたが、今もさして変わっていないのです。

(3) 市民の闘い

この項目の最初に、「日立就職差別」裁判が始まる前のことをメモにしました。皆さん個々の事件のことを思い出していただけると思います。

小松川高校事件（李珍宇、一九五八）。少年で死刑が執行されました。今だったらそう簡単にできないんじゃないかと思うけど…。それから五九年に北朝鮮と帰還協定が結ばれて、年末に新潟から第一船が出る。

六三年に『忘れられた皇軍』という、大島渚の名作がＮＴＶで放送されます。戦争に駆り出されて傷痍軍属になったけども、「お前もう外国人だから、後は知らん」という問題を告発した作品です。これをここに書いたのは、私の思惑があるんです。同じ六三年に、「伊藤博文」の千円札が発行されます。私は駒込のアジア文化会館で留学生の仕事をしていました。そのとき東南アジアの華人系留学生からこう言われました。

「田中さん、千円札が聖徳太子から伊藤博文に変わるんですね。伊藤は、朝鮮人の恨みを買ってハルピンでやられた人でしょ。なんでそんな人を、すっかり民主化した戦後日本に持ち出すんですか？しかも、毎日の生活の中で、この千円札で朝鮮人も買い物する。日本人ってずいぶん残酷なことするんですね」と。忘れもしない六三年一一月一日のこと。私、今も財布に「伊藤博文」を忍ばせていますす、おまじないですね。

その翌年が「東京オリンピック」です。もう日本人はみんな舞い上がっています。新幹線が走る、モノレールが羽田にできた。首都高ができる。東名はまだだけど、名神は高速道路ができていましたね。その翌年の六五年に「日韓条約」ができ、日韓国交正常化します。六八年に金嬉老（キム・ヒロ）の寸又峡事件がある。

こうやって並べることに、どういう意味があるかと思われるかもしれない。この延長線上に七〇年「日立就職差別裁判」の提訴があるんです。一九七〇年は、いろんなことがありました。例えば作家・三島由紀夫が「自衛隊よ、決起せよ」と叫んで腹を切りました。よど号が乗っ取られて、北朝鮮に飛んだのも七〇年です。そういう中で、日立就職裁判が始まった。

「市民運動」「市民の闘い」というものを考えると、「日立」はとても新しい流れだったと私は思います。原告の朴鐘碩（パク・ジョンソク）さんを「囲む会」があちこちにできて、支援運動の輪が広がります。私は当時名古屋にいましたが、「朴君を囲む会」の例会で、会議の終わり頃に、年配の在日の人が立ち上がって、「皆さんにお伺いしますけれど、私達在日朝鮮人が市営住宅に入れないことをご存知の方は、手を挙げてください」と言うんです。みんなびっくりして、誰も何も応答しない。「私達が市営住宅に入れないことも、ぜひ知ってください」と。それで会が終わった。各地の市民運動が、いろんなことに取り組んでいきました。

名古屋は七三年に本山政雄という名古屋大学の教育学部長をやった人が、革新市長で当選したんです。革新市長の市役所に行きました。担当課長が出てきた、「同じ名古屋市民なんだから「在日」に市営住宅を開放すべき」と言ったら、「皆さんに伺いますけども、今まで一〇〇戸市営住宅ができて、全部日本人に入ってもらいました。皆さんの言うように、国籍要件を外すと、日本人は八五人しか入れないかもしれませんけど、それでいいんですね」って返された。これはとても重要なことだと気づかされました。かくして、名古屋で市営住宅の門戸を開けました。そういう市民の闘いの中で、民族差別との闘いの輪が 広がっていくんです。

朴君の裁判の勝訴は巨大な力を生みました。天下の日立製作所が、一人の在日青年が起こした裁判に負けたわけです。とんでもないことが起きたわけです。しかもこの裁判は、運動の力もあって一審判決で確定です。

とても重要ではないかと、「市民の闘い」で思い出しました。それまでは「泣き寝入りを繰り返すだけで、埒《らち》が明かない」、しかし、今後は「納得ができないことには「異」を唱えよう、やればできたじゃないか！　こうした成功体験の下、いろんなことに挑戦するんです。

今はＮＴＴ、昔の「日本電信電話公社」。公社の「公」って怪しいんですよ。電電公社に、高校を卒業して就職しようと思っても外国人は駄目だったんです。「なんで外国人は駄目なんだ」と追及したわけです。なんて言ったと思います？「いや、うちの社員は個人宅に上がり込んで配線をするので、やっぱり外国人は困る、だから駄目だって」。「それなら、日本人社員が朝鮮人のうちに行って配線するのはいいのか」って言ったら、答えられなかった。そのうちにOKになりました。そういうことはいっぱいある。「日本育英会」(旧)だって駄目だったんだから。これも扉を開けました。

一つ挙げると、相手は天下の最高裁です。司法試験に合格しても司法修習のまえに「帰化しろ」と言われる。それに金敬得（キム・ギョンドゥク）氏が「異」を唱えるわけです。結局、最高裁は従来の方針を大転換することになります。即ち、当時の「司法修習生選考公告」には「欠格事由」として「日本の国籍を有しない者」を掲げていた。しかし、それに反して、最高裁は「日本の国籍を有しない者

＝金敬得」を、当該年度（一九七七）の「司法修習生」に採用したのである。かくして道が開かれたんです。今どうでしょう、三〇〇人ぐらい在日の弁護士がいるんじゃないかな。

金敬得氏の問題で当初、最高裁に行って話をしたとき、担当課長は「調べたら今まで一三人合格者がいて全部帰化してもらいました」と説明した。「前回合格した在日の人は、今、札幌地検の副検事をやっている」と言いました。多分課長は、その話を出せば金さんが、気持ちを変えて帰化してくれるんじゃないかと思ったんでしょう。

金さんは、「私は生涯帰化しないという主張の持ち主ではありません。ただ、これが欲しければ帰化するようにと「踏み絵」のように出される「帰化」はしたくありません。帰化するときは、自発的にしたい」と応答した。

金敬得さんは五六歳の若さで他界します。高二三さんの新幹社で「追悼集」を出すことになった時、問題解決に中心的役割を果たされた原後山治弁護士に、特別のお願いをしました。司法修習生問題の時の担当課長泉徳治氏は、今や最高裁の判事の地位におられた。そこで、原後弁護士から泉最高裁判事に、ぜひ追悼文をお寄せいただきたいとお願いしました。それが、「金敬得さんを憶う　泉徳治（最高裁判事）」（『弁護士・金敬得追悼集』新幹社二〇〇七所収）です。

そこには、「金さんは、『私は、大韓民国籍のまま〈金敬得〉として司法修習生への採用を申し込みます』とおっしゃった。…しかし、土俵で四つに組んで一歩も退かないという信念のようなものが感じられた。これまでの取り扱いやその理由を説明すれば分かってもらえるのではないかと思っていた私は、思惑が外れ、ややとまどったのも事実であるが、再度の説得は無理である、我々も金さんが提起した問題に四つに取り組む必要があると、その場で覚悟を決めた」とある。多くを付け加える必要はなかろう。歴史の歯車が回る状況が読み取れよう。

そういう運動が積み重ねられ、その延長線上に韓宗碩（ハン・ジョンソク）さんの指紋拒否が出てきたというのが私の理解です。

「今まで、何度も指紋を押してきた……子も孫も押し続けるのか……何も残してやれないが、指紋を押さなくて済むようにしてやれないか……国際化とか国際人権とか叫ばれるが、指紋が残っていることは、それと矛盾するのでは……」とは、ハンさんの直言。

こんな嫌なことを、子や孫にはさせたくない。それで腹決めたって言うんです。指紋を拒否すると、まず登録証がもらえない、すると登録証不携帯で捕まって、韓国に送られるかもしれない。それでもいいと決心したというんです。指紋を拒否しても登録証が戻ってきた。「心配ないじゃないか、本当にほっとした」。とってもリアリティのある話を思い出します。そういう人が拒否第一号で穴を開ける。

もう一つ加えておきたい。「在日」の女子大生の話「どこかで朝鮮人だから、これくらいは我慢しなければと、自分を殺して、最初の指紋を押したことを思い出す」、「自分も素直に生きたい。自分らしく生きたい。今までの自分は、どこかすごく抑えていたなと思います。指紋を拒否してから、友だちにすごく明るくなったって言われるの」。指紋拒否の持つ人間性の復権、個人の尊厳との関係など、軽視してはなるまい。

民闘連の運動の課程で、素人なりに知恵を集めて「在日旧植民地出身者に関する戦後補償及び人権保障法（草案）」を一九八八年一〇月に発表。その法案の中に、さっき言われた「特別永住権」が書いてあります。「第八条（特別永住権の設定）在日旧植民地出身者に特別永住権を設定し、これを無条件に付与する」とあります。入管の外郭団体の「入管協会」刊の月刊誌「国際人流」（二四・年一一月号）に頼まれて原稿を書きました。私が書いたものは「特別永住権の前後左右を考える」です。「権」を入れました。ご批判ください。

入管闘争の頃にいろいろ議論し印象に残っている、入管局次長（一九七三〜七六在職）だった竹村照雄さんが書いた本の一節を引用します。

「ある在日青年に、今一番望んでいるのは何かと問うたところ、しばし沈黙の後、出された答えが『日本人に生まれたかった』であった。この青年に民族の誇りを。彼の告白の底にある哀しく重い想念が私にはこたえた」（竹村照雄『一検察官の奇跡』法学書院九五）

これらの問題は、ずっと日本の社会が抱えている問題です。旧植民地出身者と共同でどういう日本の社会を作るか、展望を持ち得てない日本。矢内原は植民地が終わったから「ハイ、さようなら」で、南原は「異種族が全部離れ去った純粋に日本でやっていきましょう」だからね。天下の東大の総長が戦後二代続けてこんなこと言っている。そこのエリートが霞が関と永田町をウロウロしているわけだから相当根が深い。

最後にさまになりませんが、「日暮れて道遠し」、だけど「朝が来ない夜はない」とも言います。終わりです。

＊**水原事件**　三・一独立運動鎮圧のために京畿道水原で起きた虐殺事件。天道教・キリスト教の信徒二十数名を殺害し教会を焼き払った。

＊**間島事件**　「間道」ではなく正しくは「間島」。一九二〇年に中国東北部で最も朝鮮に近い間島地方で起きた虐殺事件。抗日朝鮮民族独立運動に対する日本軍の弾圧で、数千人が犠牲になった。

YouTube「KJテレビ」日韓記者・市民セミナー

動画配信　二〇二四年一二月三一日現在（一部、韓国語字幕あり）
●印はブックレット収録済

●第1回　二〇一九年八月三日　加藤直樹（作家）
関東大震災「朝鮮人虐殺否定」論反証

●第2回　二〇一九年九月二五日　権　鎔大（経営コンサルタント）
よく知らない韓国（人）を知ろう

●第3回　二〇一九年一〇月一八日　黒田福美（女優）
特攻隊員として死んだ朝鮮人の慰霊事業

●第4回　二〇一九年一〇月二六日　谷口源太郎（スポーツジャーナリスト）
JOCの不可解な動き

●第5回　二〇一九年一一月二四日　菊池嘉晃（ジャーナリスト）
北送事業60年の総括

●第6回　二〇一九年一二月一二日　香山リカ（精神科医）
韓国ヘイトと対処法

●第7回　二〇一九年一二月一七日　尹　信雄（元民団倉敷支部団長）
在日二世の数奇な半生

●第8回　二〇二〇年二月一〇日　小池　晃（日本共産党書記局長）
安倍政権の内政と外交

●第9回　二〇二〇年二月二一日　平井久志（ジャーナリスト）
南北韓と韓日関係の展望

●第10回　二〇二〇年七月一日
虚構の「嫌韓」からの解放
澤田克己（毎日新聞論説委員）

●第11回　二〇二〇年七月一五日
川崎でのヘイトスピーチ攻防
石橋　学（神奈川新聞記者）

●第12回　二〇二〇年八月五日
在米コリアンと日系米人社会
金真須美（作家・大学講師）

●第13回　二〇二〇年八月二六日
多様性の中の在日コリアン
金村詩恩（作家・ブロガー）

●第14回　二〇二〇年九月二日
朝日新聞の慰安婦報道と裁判
北野隆一（朝日新聞編集委員）

●第15回　二〇二〇年九月一六日
平行線をたどる徴用工問題
殷　勇基（弁護士）

●第16回　二〇二〇年一〇月一六日
『評伝 孫基禎』の上梓とその後
寺島善一（明治大学名誉教授）

●第17回　二〇二〇年一〇月三〇日
復刻『関東大震災』の意義
高　二三（新幹社社長）

●第18回　二〇二〇年一一月一八日
キムチが食べられる老人ホーム・故郷の家
尹　基（社会福祉法人「こころの家族」理事長）

●第19回　二〇二〇年一一月三〇日
日本学術会議会員任命拒否問題の背景
纐纈　厚（明治大学特任教授）

●第20回　二〇二〇年一二月八日
差別と偏見の現場取材
安田浩一（ノンフィクションライター）

●第21回　二〇二一年四月二七日
『韓国ドラマ食堂』の話
八田靖史（コリアン・フード・コラムニスト）

●第22回　二〇二一年七月一四日
差別実態調査から見るヘイト　　権　清志（朝鮮奨学会代表理事）
●第23回　二〇二一年一一月六日
映画『在日』上映と呉徳洙監督を語る　　清水千恵子（映画『在日』スタッフ）
●第24回　二〇二一年一一月一九日
記憶を拓く「信州・半島・世界」　　田中陽介（信濃毎日新聞編集局デスク）
●第25回　二〇二一年一二月一三日
外国人は「害国人」ですか―日本の「入管体制」を検証する　田中　宏（一橋大学名誉教授）
●第26回　二〇二二年一月一四日
歴史事実に介入する政府と「作る会」　　鈴木敏夫（子どもと教科書全国ネット21事務局長）
●第27回　二〇二二年三月一一日
在日オペラ歌手が願う日韓関係　　田　月仙（オペラ歌手）
●第28回　二〇二二年三月二六日
日韓関係の危機をどう乗り越えるか　日韓協約の不存在から考える　戸塚悦朗（弁護士）
●第29回　二〇二二年四月一六日
参議院選に出馬～誰もが大切にされる社会実現へ　金　泰泳（東洋大教授）
●第30回　二〇二二年五月一〇日
時務の研究者「姜徳相」関東大震災時の朝鮮人虐殺研究　山本すみ子（姜徳相聞き書き刊行委員会）
●第31回　二〇二二年六月二七日
絶望から希望を見出す　川崎桜本をめぐる　ふたつの物語　金聖雄（映画監督）
●第32回　二〇二二年七月九日
民族的連帯から見るインターナショナリズム 中野重治の朝鮮認識を手がかりに　廣瀬陽一（大阪公立大学客員研究員）
●第33回　二〇二二年七月一七日
在日コリアン研究40年を振り返る　　朴　一（大阪市立大学名誉教授）

●第34回　二〇二二年八月三日
ヘイトスピーチ・ヘイトクライム根絶に向けて　師岡康子（弁護士）

●第35回　二〇二二年八月二七日
指紋押捺拒否からヘイトスピーチ根絶へ　ピアノ&トーク　崔　善愛（ピアニスト、週刊金曜日編集委員）

●第36回　二〇二二年九月一三日
「先生不足」が生んだ学校崩壊の現実　安倍「教育再生」路線がもたらしたもの　竹村雅夫（藤沢市議会議員）

●第37回　二〇二二年九月二二日
民主主義を壊す政治と宗教の癒着　旧統一教会の問題性　有田芳生（前参議院議員）

●第38回　二〇二二年一〇月七日
総連と民団の相克77年　竹中明洋（フリーライター）

●第39回　二〇二二年一〇月二三日
川越唐人揃いパレードの18年間の取り組み　朝鮮通信使の精神を現代に継承　江藤善章（実行委代表）

●第40回　二〇二二年一一月四日
浅川伯教・巧兄弟への敬愛と感謝　河　正雄（私塾清里銀河塾塾長）

●第41回　二〇二二年一二月一四日
キムはなぜ裁かれたのか　BC級戦争裁判　内海愛子（同進会を応援する会代表）

●第42回　二〇二三年一月一九日
朝鮮半島取材30年、現場で見た南と北　城内康伸（元東京新聞編集委員・東アジア担当）

●第43回　二〇二三年二月一〇日
障害福祉の課題　金重政玉（元内閣府障がい制度改革推進会議政策企画調査官）

○第44回　二〇二三年三月一一日
ソウルから東京を歩く　「第九次朝鮮通信使の意義」　遠藤靖夫（21世紀の朝鮮通信使ウオークの会会長）

●第45回　二〇二三年四月一九日
旧世代とは一味違う在日三世の生き方　姜　龍一（作家）

○第58回　二〇二四年七月一二日
韓国人Jリーガーに見る「韓日スポーツ交流」　愼　武宏（スポーツジャーナリスト）
○第59回　二〇二四年九月八日
演劇『革命少年』で人生を描く　李　敬司（車体修正機製造メーカー会長）
●第60回　二〇二四年九月二〇日
在日障害者の無年金問題を解決せよ　李　幸宏（年金制度の国籍条項を完全撤廃させる全国連絡会会長）
●第61回　二〇二四年一〇月一一日
日本の外国人政策を検証する　鄭　暎惠（社会学者）
○第62回　二〇二四年一〇月二八日
韓国山寺テンプルステイの魅力　宋　寛（元民団新聞編集委員）
○第63回　二〇二四年一一月八日
同調圧力からの解放と多文化共生　朴　慶南（作家）
●第64回　二〇二四年一一月二三日
指紋拒否から40年　今、在日社会に求められているものは　＝集会＝
○第65回　二〇二四年一二月三日
日韓関係改善に向けた様々なアプローチ　河村建夫（日韓親善協会中央会会長）

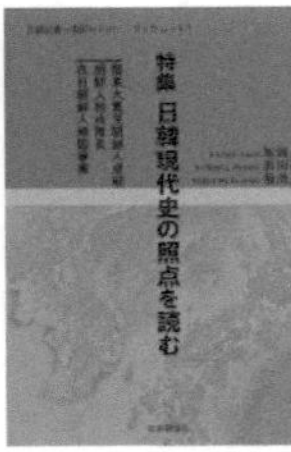

創刊号
特集　日韓現代史の照点を読む
加藤直樹／黒田福美／菊池嘉晃
Ａ５判　一一二頁　本体九〇〇円＋税　二〇二〇年八月一五日発行

コロナの時代、ＳＮＳによるデマ拡散に虚偽報道と虐殺の歴史がよぎる中、冷え切った日韓・北朝鮮関係の深淵をさぐり、日韓現代史の照点に迫る。関東大震災朝鮮人虐殺、朝鮮人特攻隊員、在日朝鮮人帰国事業の歴史評価がテーマの講演録。

第２号
ヘイトスピーチ　攻防の現場
石橋学／香山リカ
Ａ５判　一〇四頁　本体九〇〇円＋税　二〇二〇年一一月一〇日発行

川崎市で「差別のない人権尊重のまちづくり条例」が制定され、ヘイトスピーチに刑事罰が適用されることになった。この画期的な条例は、いかにして実現したか？　ヘイトスピーチを行う者の心理・対処法についての講演をあわせて掲載。

第３号
政治の劣化と日韓関係の混沌
纐纈厚／平井久志／小池晃
Ａ５判　一一二頁　本体九〇〇円＋税　二〇二一年二月一二日発行

政権はエピゴーネンに引き継がれ、学会へのあからさまな政治介入がなされた。改憲の動きと併せて、これを「〝新しい戦前〟の始まり」と断じることは誇張であろうか。日本学術会議会員の任命拒否問題を喫緊のテーマとした講演録ほかを掲載。

第４号
引き継がれる安倍政治の負の遺産
北野隆一／殷勇基／安田浩一
Ａ５判　一二〇頁　本体九〇〇円＋税　二〇二一年五月一〇日発行

朝日新聞慰安婦報道と裁判、混迷を深める徴用工裁判、ネットではデマと差別が拡散し、ヘイトスピーチは街頭から人々の生活へと深く潜行している。三つの講演から浮かび上がるのは、日本社会に右傾化と分断をもたらした安倍政治と、引き継ぐ菅内閣の危うい姿。

第5号
東京2020　五輪・パラリンピックの顛末
——併録　日韓スポーツ・文化交流の意義

二〇二一年九月一〇日発行

谷口源太郎／寺島善一／澤田克己　A5判　一〇四頁　本体九〇〇円＋税

コロナ感染爆発のさなかに強行された東京五輪・パラリンピック。贈賄疑惑と「アンダーコントロール」の招致活動から閉幕まで、不祥事と差別言動があらわとなった。商業主義と勝利至上主義は「オリンピックの終焉」を物語る。

第6号
「在日」三つの体験
——三世のエッジ、在米コリアン、稀有な個人史

二〇二一年一二月五日発行

金村詩恩／金真須美／尹信雄　A5判　一〇四頁　本体九〇〇円＋税

三人の在日コリアンが実体験に基づき語るオムニバス。日本社会で在日三世が観る風景。在米コリアンと在日三世の出会い。日本人の出自でありながら「在日」として生き、民団支部の再建と地域コミュニティに力を尽くした半生を聴く。

第7号
キムチと梅干し——日韓相互理解のための講演録

二〇二二年三月一〇日発行

権鎔大／尹基／八田靖史　A5判　一〇四頁　本体九〇〇円＋税

互いにわかっているようで、実はよくわからない——そこを知る一冊。韓国文化と生活習慣の理解が在日高齢者の介護に不可欠だという「故郷の家」。韓国ドラマの料理から文化と歴史を探る。

第8号
歴史の証言——前に進むための記録と言葉

二〇二二年六月二八日発行

田中陽介／高二三／金昌寛、辛仁夏、裵哲恩、清水千恵子　A5判　九六頁　本体九〇〇円＋税

講演で紹介された信濃毎日新聞の特集は、誠実に歴史に向き合うことの大切さを教えてくれる。姜徳相著『関東大震災』復刻と、呉徳洙監督の映画『在日』は、前に向かって進むためのかけがえのない歴史記録。

第9号
千円札の伊藤博文と安重根
――入管体制、日韓協約、教科書検定から制度と社会を考える

二〇二一年九月二七日発行

田中宏／戸塚悦朗／鈴木敏夫　A5判　一〇四頁　本体九〇〇円＋税

外国人に対する入国管理と日本社会――、そこに現れる差別と排外主義の歴史をたどると、日本による韓国併合に行き着くという。安重根（アン・ジュングン）による伊藤博文銃撃事件と、今どのように捉えるか…。近現代の歴史を教える学校教育と教科書検定の現在を併せて検証する。

第10号
ヘイト・差別の無い社会をめざして
――映像、人権、奨学からの取り組み

二〇二三年一月二〇日発行

金聖雄／師岡康子／権清志　A5判　一〇四頁　本体九〇〇円＋税

ヘイトスピーチは単なる暴言や憎しみの表現ではなく、本質的に差別である。社会からこれを無くすための、川崎・桜本の映画制作、法と条例の限界を超えて進もうとする法廷闘争、在日の若者たちに対する差別実態調査など三つの取り組みを紹介する。

第11号
いま解決したい政治課題
――政治と宗教、学校崩壊、定住外国人参政権

二〇二三年四月一五日発行

有田芳生／竹村雅夫／金泰泳　A5判　一一二頁　本体九〇〇円＋税

政治に関わる三つの講演。一つ目は政治との癒着が明るみに出た旧統一教会の実体と問題性。二つ目は全国で起きている学校崩壊の現実。三つ目は日本に帰化して参政権を取得し参院選に立候補した在日二世の生き方。

第12号
日韓友好・多文化共生への手がかり
――過去に学び未来に向かう三つの形

二〇二三年六月一〇日発行

田月仙／河正雄／江藤善章　A5判　一〇四頁　本体九〇〇円＋税

絶賛を博した在日二世の創作オペラ『ザ・ラストクイーン』、植民地支配の時代に朝鮮の風俗と文化を愛した浅川伯教・巧兄弟、豊かな文化交流を実現した朝鮮通信使に光を当て、日韓友好・多文化共生への手がかりを考えます。

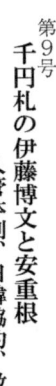

第13号
消してはならない歴史と「連帯の未来像」
廣瀬陽一／内海愛子／山本すみ子
二〇二三年八月一五日発行
A5判　一一二頁　本体九〇〇円＋税

日本と韓国・朝鮮の間には、未だ超えることができず、そして消してはならない歴史がある。国境を超えたインターナショナリズム、その連帯の未来像はどのようなものなのか？　関東大震災・朝鮮人虐殺から百年、友好と信頼への道を考えさせる講演録。

第14号
関東大震災朝鮮人虐殺から百年
——問われる日本社会の人権意識
呉充功／深沢潮／崔善愛
二〇二三年一一月一五日発行
A5判　一一二頁　本体九〇〇円＋税

関東大震災から百年の二〇二三年、行政・メディアは未曾有の災害から教訓を引き出す取り組みを行った。だが、朝鮮人虐殺の真相はいまも闇に消されたままであり、この明かされない負の歴史が、ヘイトクライムの現在に繋がっている。三つの講演が日本社会の人権意識を問いかける。

第15号
日本人でなくコリアンでもなく
——「在日」の自意識と反ヘイト
朴一／姜龍一／金展克
二〇二四年二月二〇日発行
A5判　一〇四頁　本体九〇〇円＋税

日本社会の内なる国際化はこの多様性を大切にするかどうかで決まり、今はその分岐点にあるという。三世が語るように、世代を重ねるごとに在日の自意識も変わっていく。さらに法制度の観点から、根強く続く差別とヘイトを克服するための道筋を考える。

第16号
朝鮮半島の政治と在日
城内康伸／竹内明洋／羽原清雅
二〇二四年四月三〇日発行
A5判　九八頁　本体九〇〇円＋税

日本の植民地支配、解放後の戦争・民族分断と、苦難の歴史を歩んだ朝鮮半島は今も統一を果たせずにいる。日本人記者がソウルと北京で見た南北対立の現実と、ドキュメンタリー作家が描く総連・民団の相克。そこに生きる「在日」の意識は世代を重ねるごとに変わってゆく。

第17号

日韓史の真実に迫る演劇・文化　二〇二四年九月三〇日発行

金守珍／広戸聡／宋富子　Ａ５判　一〇八頁　本体九〇〇円＋税

『星をかすめる風』の原作者イ・ジョンミンは、歴史の中に埋もれた事柄に目を向け、虚構の中にもうひとつの歴史の「真実」を描きだすという。演劇の真髄に迫る言葉である。さらに、隠された歴史の事実を探し出し語り継ぐ、「歴史ミュージアム」の設立に尽力する市民の運動を紹介します。

第18号

日本の障害福祉と外国人政策　二〇二四年一二月一五日発行

金重政玉／李幸宏／鄭暎恵　Ａ５判　一一二頁　本体九〇〇円＋税

障害当事者の立場から取り組む障害福祉の課題と、無年金状態のまま放置されている在日障害者の問題を、二人の講師が明らかにします。さらに、日本の排他的な外国人政策による危機的先行きを、移民を積極的に受け入れるカナダとの比較において検証します

＊日韓記者・市民セミナー　ブックレット 19 ＊
指紋押捺拒否から 40 年　今、在日社会に求められるものは何か
〔集会報告集　2024 年 11 月 23 日開催〕

2025 年 1 月 30 日　初版第 1 刷発行

編集・発行人：裵哲恩（一般社団法人ＫＪプロジェクト代表）
発行所：株式会社 社会評論社
東京都文京区本郷 2-3-10
電話：03-3814-3861　Fax：03-3818-2808
http://www.shahyo.com
装丁・組版：Luna エディット .LLC
印刷・製本：株式会社 ウイル・コーポレーション

ブックレット創刊のことば

日韓関係がぎくしゃくしていると喧伝されています。連日のように韓国バッシングする夕刊紙、書店で幅を利かせる「嫌韓」本、ネットにはびこる罵詈雑言。韓流に沸いた頃には考えられなかった現象が日本で続いています。その最たるものが在日を主なターゲットにしたヘイトスピーチです。

一方の韓国。民主化と経済成長を実現する過程で、過剰に意識してきた、言わば目の上のたんこぶの日本を相対化するようになりました。若い世代にすれば、「反日」は過去の遺物だと言っても過言ではありません。支持率回復を企図して政治家が「反日」カードを切るパフォーマンスも早晩神通力を失うでしょう。

ことさらに強調されている日韓の暗の部分ですが、目を転じれば明の部分が見えてきます。両国を相互訪問する人たちは二〇一九年に一〇〇〇万人を超え、第三次韓流は日本の中高生が支えていると知りました。そこには需要と供給があり、「良いものは良い」と素直に受け入れる柔軟さが感じられます。

コリア（K）とジャパン（J）の架け橋役を自負するKJプロジェクトは、ユネスコ憲章の前文にある「相互の風習と生活を知らないことは、人類の歴史を通じて疑惑と不信をおこした共通の原因であり、あまりにもしばしば戦争となった」「戦争は人の心の中で生まれるものであるから、人の心の中に平和のとりでを築かなくてはならない」との精神に立脚し、日韓相互理解のための定期セミナーを開いています。

このブックレットは、趣旨に賛同して下さったセミナー講師の貴重な提言をまとめたものです。食わず嫌いでお互いを遠ざけてきた不毛な関係から脱し、あるがままの日本人、韓国人、在日の個性が生かされる多文化共生社会と、国同士がもめても決して揺るがない市民レベルの日韓友好関係確立を目指します。

二〇二〇年八月

一般社団法人 KJ プロジェクトは、会費によって運営されています。日韓セミナーの定期開催、内容の動画配信、ブックレット出版の費用は、これにより賄われます。首都圏以外からも講師の招請を可能にするなど、よりよい活動を多く長く進めるために、ご協力をお願いします。

会員登録のお問い合わせは、

▶ KJ プロジェクトメールアドレス cheoleunbae@gmail.com へ